Cordia Schlegelmilch

WURZEN

Ankunft in einer anderen Zeit
Die 1990er Jahre

Sax Verlag

Fotografien

Cover: Wurzener Bahnhof, 1990
S. 1: Posttor am Crostigall in Wurzen, 1991

Alle Aufnahmen in diesem Band stammen von Cordia Schlegelmilch.

Bibliografische Information der Deutschen Nationalbibliothek

Die Deutsche Nationalbibliothek verzeichnet diese Publikation in der Deutschen Nationalbibliografie; detaillierte bibliografische Daten sind im Internet über https: //portal.dnb.de abrufbar.

Impressum

ISBN: 978-3-86729-259-7

1. Auflage 2020
Text und Fotografie: Cordia Schlegelmilch
Einbandgestaltung und Layout: Birgit Röhling / Markkleeberg
Druck / Herstellung: Westermann Druck Zwickau
Printed in Germany
www.sax-verlag.de

Inhalt

WURZEN
WURZEN

Vorbei und doch noch da

Die 1990er Jahre in Wurzen
Ein Jahrzehnt der Gleichzeitigkeiten und des Übergangs

»Nichts bleibt wie es war!« So war die Meinung unmittelbar zur Wendezeit, manch einer sprach im November 1989 sogar von einer »Stunde Null«. Aber selbst wenn ganze Gesellschaftssysteme zerfallen, bleiben doch die Biografien derer, die darin gelebt haben, und mit ihnen die unterschiedlichen Mentalitäten, lebensgeschichtlichen Erfahrungen und Erinnerungen noch lange bestehen. Die lokale Infrastruktur, wie zum Beispiel Gebäude, Verwaltungen, Konsummöglichkeiten oder die Mobilität, folgt dagegen weit schnelleren Veränderungsmechanismen, die ihrerseits von den wirtschaftlichen und politischen Gegebenheiten einzelner Regionen abhängen.

Im August 1990 machte ich mich mit Tonband und Fotoapparat auf den Weg durch verschiedene Bezirke und Kreise der DDR, um eine Kreisstadt mittlerer Größe zu suchen. Dort wollte ich für eine längere Zeit wohnen und dabei erforschen, wie sich das Alltagsleben und die Lebensläufe der Menschen in der Nachwendezeit verändern würden. Ich blieb im sächsischen Wurzen, einer Stadt mit damals rund 19500 Einwohnern. Der Ort wurde 961 zum ersten Mal urkundlich erwähnt und liegt zirka 30 Kilometer östlich von Leipzig jenseits der Mulde, einem Nebenfluss der Elbe.

In den Jahren von 1990 bis 1996 sprach ich mit rund 170 Bewohnern über ihr Leben, ihr Erleben der Wende und ihre Zukunftsperspektiven. Zugleich fotografierte ich im Sinne eines visuellen Tagebuchs als Ergänzung meiner soziologischen Arbeit Straßenszenen, Gebäude und Plätze. Ich hatte damals noch eine analoge Kleinbildkamera, eine Canon A1, und nutzte alle möglichen Negativ- oder Diafilme, die gerade vorrätig waren, häufig auch die der Marke »ORWO«, die im nahegelegenen Wolfen produziert wurden.

In den ersten Nachwendejahren 1990–1993 konnte ich die Stadt fast unberührt von westlichen Einflüssen erleben. Ich war beeindruckt davon, wie nah sich Industrieanlagen und historischer Stadtkern und damit auch Leben und Arbeiten, beieinander befanden. Hier verbanden sich in eindrucksvoller Weise alte traditionelle Strukturen einer kleinen und kulturgeschichtlich interessanten Industriestadt mit Prägungen durch das DDR-System. Natürlich waren auch in Wurzen viele Gebäude verfallen oder bereits verschwunden, aber es gab doch zugleich vieles, was – gewollt oder ungewollt – von Abriss oder Rekonstruktion verschont geblieben war: Fabriken der ersten Gründergeneration, alte Straßenzüge wie der Badergraben mit der alten Brauerei oder die noch deutlich sichtbaren Aufschriften von Handwerksbetrieben oder Veranstaltungsorten an den alten Fassaden.

Auch die zahlreichen Plätze bildeten in Wurzen Anfang der 1990er Jahre relativ geschlossene Ensembles. Allerdings waren Zerstörung und Vernichtung von vorhandener und historisch durchaus bedeutender Bausubstanz unübersehbar. Die industrielle Plattenbauweise, erklärte mir später ein Architekt, sei in der DDR damals noch nicht so weit entwickelt gewesen, dass sie sich zur Schließung kleinerer Baulücken, wie sie in der Altstadt entstanden seien, geeignet hätte. Selbst der Abriss vieler von Kriegsfolgen zwar kaum zerstörter, aber stark sanierungsbedürftiger Häuser der Altstadt scheiterte an wirtschaftlichen Realitäten. Und es gab Menschen, die sich mit gewissem Erfolg für den Erhalt bestimmter Häuser eingesetzt haben. Demgegenüber war im Norden von Wurzen eine überschaubare Plattenbausiedlung entstanden. Es sind diese Brüche und die vielen historischen, wenn auch teilweise verfallenen Areale und Plätze, die diese Stadt aus meiner Sicht spannend gemacht haben.

Ich beschloss Wurzen als Stadt für meine soziologische Studie auszuwählen. Entsprechend der Regionalanalyse des Instituts für Arbeitsmarkt- und Berufsforschung gehörte der Kreis Wurzen zu einem Regionstyp, der als »Umlandregion mit Landwirtschaft und diversifizierter Industriestruktur« bezeichnet wird. Er war in der DDR weit häufiger zu finden (79 mal) als der Regionstyp mit monostrukturierter Industrie (Kohle, Stahl, Chemie) (47 mal).[1] Die Stadt und der Kreis Wurzen stellten somit einen repräsentativen Typus an klein- und mittelgroßen Städten in der DDR dar.

Ebenso schnell, wie nach der Wende einige Gebäude – vor allem im Altstadtkern – saniert wurden, ging man daran, viele jahrhundertealte Gebäude wie die alte Schmiede, das sogenannte »Stadtgut«, und manche Fabriken abzureißen. Sie mussten neuen Wohn- und Geschäftskomplexen weichen. Frühere Plätze sind durch Parkhäuser oder völlig neue Randbebauung heute nicht mehr wiederzuerkennen. Darüber hinaus trugen ungeklärte Eigentumsverhältnisse zu weiterem Verfall bei.

Längst hat Wurzen nicht nur den Status als Kreisstadt, sondern auch rund 3 000 seiner Einwohner verloren. Der selektive Abriss von Häusern, der völlig neue Blicke auf die Stadt eröffnete und in manchen Stadtvierteln riesige unbebaute, zum Teil ungepflasterte Flächen hinterließ, war ein Versuch, wachsenden Leerstand und Verfall zu bewältigen. Es wurde rekonstruiert oder abgerissen, als sollte ein schwerer Makel getilgt werden, und es entstanden neue Provisorien. In dieser Phase des Übergangs zwischen dem »Nicht Mehr« und dem »Noch Nicht« versuchte ich immer wieder, alte Bausubstanz zu dokumentieren, solange sie noch vorhanden war. Die in diesem Buch abgebildeten Fotografien dokumentieren das Bild einer Zeit, in der wie nie zuvor *Gleichzeitigkeiten* dominierten. In diesen Jahren fügte sich Altes und Neues zu einer abenteuerlichen Mischung zusammen, bis Renovierung, Sanierung und Rückbau die Spuren der unterschiedlichen Zeitebenen weitgehend unsichtbar machten.

Ich wollte das Authentische dieser Zeit festhalten und ein Gefühl für das damalige Leben in der Stadt vermitteln, um später, heute, einen zweiten Blick auf die vergangenen Zustände zu ermöglichen. Das Ergebnis ist kein touristischer Stadtführer, der die Sehenswürdigkeiten der Stadt und ihre schönen Ecken zeigt. Mein Blick ist ein anderer als der von Touristen oder Einheimischen. Es ist das Sehen »mit anderen Augen«, was, so der Philosoph und Soziologe Helmuth Plessner, dazu führt, von einer anderen Position heraus wahrzunehmen und die Vertrautheit zerstört. »Man muss der Zone der Vertrautheit fremd geworden sein, um sie wieder sehen zu können. In verstärktem Maße erlebt diese Entfremdung, wer als Kind seine Heimat verließ und als reifer Mensch dahin zurückkehrt.«[2]

In einem der von mir geführten Interviews heißt es: »Eine unblutige Revolution wird mit Videokameras als Waffe geführt. Gott sei Dank, durch die ständige Gegenwart internationaler Medien, ist Gewalt in Leipzig verhindert worden«. Auch war die Fotografie in der DDR eine Art von zweiter, leiser Sprache und eröffnete die Möglichkeit, auf eine andere Art Kritik zu formulieren. Doch wurde in der Zeit der Wende und Nachwendejahre kaum fotografiert. Man kann beinahe von einer *Zeit ohne Bilder* sprechen. Die Nach-Wende-Zeit war für die Menschen zu anstrengend. Sie waren teils erschüttert, teils existenziell bedroht, teils orientierten sie sich beruflich neu. Sie wollten oder konnten sich mit der beschleunigten Gegenwart nicht konfrontieren.

Als ich 2001 in einer ersten Ausstellung in der Städtischen Galerie im Alten Rathaus in Wurzen eine größere Auswahl meiner Fotografien aus den 1990er Jahren zeigte, fielen die Reaktionen der Besucher sehr unterschiedlich aus. Viele meinten, in meinen Bildern käme Tristesse zum Ausdruck. Einige unterstellten mir, ich hätte nur die besonders hässlichen Ecken herausgesucht. Zwischen den Zeilen kamen Erklärungen, Entschuldigungen oder sogar eine gewisse Scham zum Ausdruck, warum es damals in Wurzen an vielen Stellen baufällig, dunkel und schmutzig ausgesehen habe. Ein fünf Jahre später erschienener Fotoband[3] wurde lange Zeit kaum beachtet. Doch mit sich vergrößerndem zeitlichen Abstand wuchs das Interesse an den inzwischen historischen Aufnahmen aus den 1990er Jahren.

Im Rahmen einer neuen Ausstellung im Herbst 2019 und einer dazu erschienenen Publikation, in der ich Interview-Zitate zu einer chronologisch angelegten und kontroversen Textcollage zum Erleben der Wende montiert habe[4], wurde von den Besuchern immer wieder der Wunsch an mich herangetragen, die Fotografien aus den 1990er Jahren noch einmal in einem weiteren Fotoband herauszubringen. Staunend, und oft im Kreis der Familie oder von Freunden, standen die Wurzener vor den Fotografien, die längst Vergessenes wieder lebendig werden ließen. »Wir haben das so schlimm gar nicht wahrgenommen«, brachte es eine Besucherin auf den Punkt. In diesen Worten schwingt keine Abwehr mit, sondern das Annehmen der eigenen Vergangenheit. Der historische Abstand bedeutet nicht nur wachsende Distanz, sondern auch ein Wiederentdecken von Vertrautem. Die Fotografien wollen einer vergangenen Zeit weder nachtrauern, noch diese verdammen, sondern an das erinnern, was war. Sie sind als dokumentarisches Material Bestandteil des Gedächtnisses einer Region, sie stärken Identität und Heimatbindung.

In diesem Fotoband nehme ich den Betrachter in sieben Kapiteln mit auf einen Streifzug durch die Straßen und Plätze der Stadt Wurzen in den 1990er Jahren. Die damaligen Straßennamen habe ich aktualisiert.[5] Die Fotografien werden durch meine eigenen Eindrücke von damals und Erzählungen meiner Gesprächspartner ergänzt.

Auch wenn ich die Negative und Diapositive inzwischen gescannt und bearbeitet habe, erkennt man die Spuren ihrer 30-jährigen Lagerung. Oft fehlen die Farbsättigung und die Schärfe einer digitalen Hochglanz-Fotografie, wie wir sie inzwischen kennen. Doch gerade diese Spuren zeugen von der Zeit, in der die Fotografien entstanden sind, sie geben ihnen Authentizität.

Anmerkungen:

1 Helmut Rudolph, 1990: Beschäftigungsstrukturen in der DDR vor der Wende. Eine Typisierung von Kreisen und Arbeitsämtern. In: Mitteilungen aus der Arbeitsmarkt- und Berufsforschung, H. 4, S. 474–503.

2 Helmuth Plessner: Mit anderen Augen, Aspekte einer philosophischen Anthropologie, Stuttgart 1982, Reclam Verlag, vgl. S. 169–171.

3 Cordia Schlegelmilch: Wurzen, Erfurt 2006, Sutton Verlag. Eine zweite Auflage ist erschienen und längst vergriffen.

4 Cordia Schlegelmilch: Eine Stadt erzählt die Wende. 1989 Wurzen/Sachsen 1990, Beucha-Markkleeberg 2019, Sax-Verlag. Die Publikation und Ausstellung wurde vom Wurzener Geschichts- und Altstadtverein, der Stadt Wurzen und dem Landratsamt Landkreis Leipzig über das Förderprogramm »Revolution und Demokratie« des Freistaats Sachsen unterstützt.

5 Wolfgang Ebert: Terra Wurcinensis. Das Wurzener Land in Geschichte und Gegenwart. Beucha, Sax-Verlag 2008.

20

Ankunft

Vom Bahnhof zur Dresdener Straße und zum Crostigall

Der Wurzener Bahnhof hat Geschichte, denn er liegt an der ersten deutschen Ferneisenbahnstrecke, die 1839 zwischen Leipzig und Dresden entstand. Nach 1990 wurden die beiden Bahnsteige und die Halle dem bundesdeutschen Standard angepasst. Der schöne Leuchtkasten mit Milchglasscheiben, der Wurzen angekündigt hat, ist längst verschwunden und die Sicht zwischen den beiden Ankunfts- und Abfahrtgleisen durch Trennwände versperrt.

Seit 1956 hatte Frau C. P. den Kiosk auf dem Bahnhofsvorplatz als Verkaufsstellenleiterin für Mitropa geführt. »Geschenkt wurde uns da wirklich nichts«, erinnert sie sich im Gespräch mit mir. Und dennoch denkt sie gerade an die 50er und 60er Jahre gern zurück, wo noch nicht so viel Geld unter den Leuten gewesen sei und man sich umso mehr über das, was da war, gefreut hätte: Zigaretten, ein paar Süßigkeiten und Bonbons. Während der Elektrifizierung in den 60er Jahren seien viele Monteure mit dem Zug gekommen und das Leben sei über die vielen Jahre auch ein bisschen familiär geworden. Nach der Privatisierung des Kiosks scheiterte ihr Antrag auf Weiterbeschäftigung.

Besonders von Osten kommend, fuhr man im damaligen Kreis Wurzen an großen bewirtschafteten Feldern und Obstanbaugebieten vorbei. Bei der Einfahrt in den Bahnhof und dem Betreten des Bahnhofvorplatzes sind zwischen Dresdener Straße und Eisenbahnlinie mit der wuchtigen Schönertmühle die Spuren einer vorwiegend mit landwirtschaftlicher Produktion verbundenen Industriegeschichte noch immer sichtbar. Die Dresdener Straße wird gesäumt von Fabriken, meist aus dem Bereich der metallverarbeitenden Industrie. Abgesehen von einigen der größeren industriell geprägten mittelständischen Betriebe findet man unter diesen Firmen viele, die aus der handwerklichen Tradition kommen.

Bei diesen alten Anlagen handelt es sich fast ausnahmslos um Betriebe aus der Zeit des 19. und dem Beginn des 20. Jahrhunderts. Der Autor eines umfassenden und detailreichen Nachschlagewerks zur Wurzener Industrie[6], Richard Klinkhardt, war selbst von 1948 bis 1982 Unternehmer einer Firma für Pneumatik mit langer Familientradition unweit vom Bahnhof. Ich besuchte ihn oft in seiner langgestreckten zweistöckigen, innen düsteren alten Fabrikantenvilla auf dem Betriebsgelände. Mit einer großen Portion Humor und Sarkasmus schilderte er mir, wie »günstig« sein Betrieb und der von anderen Firmeninhabern nach Kriegsende für die Demontage von Industrieanlagen durch die Sowjetarmee gelegen hat. Der Weg zum Abtransport zu den Bahngleisen habe nur wenige Meter betragen!

Wenn ich den Bahnhof hinter mir ließ, kam ich entlang der Bahnhofstraße am Postamt vorbei, das ebenfalls aus der Zeit vor der Jahrhundertwende stammt und 1891 um das Fernsprechamt erweitert wurde. In meinen kühnsten Phantasien sah ich dort ein überregional bedeutendes Museum für Industriegeschichte entstehen. Zwar wurde bereits 1990 die DDR-Post nach Artikel 27 des Einigungsvertrages in die Deutsche Bundespost eingegliedert, doch es dauerte noch Jahre, bis ich problemlos nach West-Berlin telefonieren konnte. In der Wurzener Hauptpost musste ich meine West-Telefonate einige Stunden vorher anmelden, deshalb fuhr ich regelmäßig zur Hauptpost nach Leipzig, wo man sofort telefonieren konnte.

Überquerte ich die Bahnhofstraße in Richtung Wenceslaigasse und Markt über die B6 hinaus, führte der Weg an vielen kleinen, verfallenen beziehungsweise verlassenen historischen Häusern vorbei. Es gab, so hörte ich, zuletzt auch eine gewisse Lethargie, sich um sein eigenes Haus zu kümmern. »Vielleicht geht man ja doch noch.« Über Jahre wurden die Wände mit den unterschiedlichsten Plakaten wild überklebt, die an den damals krassen Wechsel von Politik, Veranstaltungen, Lebensstil und Werbung erinnern.

Die Bahnhofstraße kreuzt die Dresdener Straße. Hier befand sich neben der Wenceslaikirche, Ecke Barbaragasse die Gaststätte SBG (Speise-Bar-Getränke), die leider nun seit etlichen Jahren leer steht. Der einstige Pächter W. G. hatte schon im Sommer vor dem Fall der Mauer erfolgreich einen Gewerbeschein genehmigt bekommen. Mich faszinierte die exotische Wandmalerei an der Stirnseite hinter dem Fonduetisch. Die SBG war damals der einzige und damit auch sehr beliebte Ort für die zahlreichen Verwaltungsangestellten, Juristen und andere Gewerbetreibenden aus dem Westen, die dort ihr Feierabendbier tranken.

Die kleine Modeboutique Pauer, gleich daneben, war ein Treffpunkt für junge Leute. Mit der Verkäuferin B. H., die mit ihrer Tochter allein lebte, habe ich oft zusammengesessen, während sie begeistert davon erzählte, was sie früher im Freundeskreis in Wurzen mit viel Phantasie und einfachen Mitteln auf die Beine gestellt hatten. Heute dominiere das Geld, der Freundeskreis habe sich schnell in alle Winde zerstreut. Auch sie zog wenige Jahre später nach Bayern und arbeitet seitdem in einem Möbelhaus als Einrichtungsberaterin. Über sie lernte ich etliche junge Leute kennen, die mich zu Veranstaltungen mitnahmen oder abends einluden. Die Ladenbesitzerin selbst war bereits zwei Jahre vor der Wende nach Baden-Württemberg ausgereist und hatte dadurch gute Bezugsquellen aufgebaut, die sie nun in Wurzen für ihren Laden nutzen konnte.

Anmerkungen:

6 Richard Klinkhardt: Die Wurzener Industrie 1797–2002. Beucha, Sax Verlag 2005.

DR
WURZEN

S. 4, 8–14:
Bahnhof Wurzen mit dem Vorplatz,
Bahnsteig und Schalterhalle, 1990

Schalterhalle, 2015

Das Postamt in der Bahnhofstraße, 1990

Bahnhofstraße, 1990

BETON(T) SCHÖN?!
Nie wieder Sozialismus
Freiheit und
CDU
Wir in Leipzig haben unsere eigene Zeitung.
Ab 17. April Tag für Tag.
UMWELTSCHUTZ
Leistung.

Oben: SBG Speise-Bar-Getränke, ehemals Wiener Café, Dresdener Straße, 1990
Unten: Kohlelieferung in der Barbaragasse, 1990

Boutique Pauer,
Dresdener Straße, 1990.
Rechts davon das
Geburtshaus des
Musikers Theodor Uhlig,
eines Jugendfreunds
Richard Wagners,

Unten:
mit Verkäuferin B. G.

Links von der Toreinfahrt, in der Dresdener Straße 14, steht das sogenannte Langbein-Haus. Schon einen Monat nach meiner Erkundungsreise, im September 1990, bezog ich dort ein schlichtes möbliertes Zimmer auf dem Dachboden. Die im ersten Stock wohnende Familie D. hatte für ihre älteste Tochter am Kopfende des Dachbodens ein paar Quadratmeter mit einer dünnen Wand abgetrennt und die Heizung nach oben verlegt. Als ich Frau D., die als Verkäuferin bei einem Fleischer arbeitete, zum ersten Mal besuchte und nach dem Zimmer fragte, saß sie in ihrer Küche und rupfte gerade ein Huhn. Heute müssen wir beide lachen, wenn wir uns an diese, für mich fremde, Situation erinnern.

Von der Straße aus war dem Haus keinerlei bedeutende Vergangenheit anzusehen. Es war 1834 erbaut und 1853 vom Advokaten Carl Ludwig Langbein (1811–1873) und seiner Frau erworben worden. In den Maiwahlen zum Frankfurter Parlament 1848 war Langbein zusammen mit dem damaligen Wurzener Bürgermeister Julius Theodor Schmidt als Delegierter in die Nationalversammlung gewählt worden. Der große Garten war 1990 noch deutlich von der Struktur her als Biedermeiergarten erkennbar. In ihm lehnten einige Grabsteine der Familie Langbein an einer Mauer. Über der Gartentür war eine kleine Marmortafel befestigt, auf der in altertümlicher Schrift zu lesen war: »Des Vaters Segen bauet den Kindern Häuser.« Wären da nicht zwei Holzverschläge für Fahrräder und Kohlen am Rande des Gartens gewesen, sowie unter einer alten Kastanie der übliche kleine viereckige Gartengrill, nichts würde einen an etwas anderes als die gute alte Zeit denken lassen. In diesem Garten feierte die Familie D. mit allen Geschwistern, Kindern und Enkelkindern ihre Sommerfeste, viele Geburtstage und auch die Jugendweihe.

Im vorderen Teil des Erdgeschosses lebte die über 80 Jahre alte Frau W., die bei schönem Wetter oft auf der Gartenbank saß. Sie war die Seele des Hauses. In zwei Zimmern auf der Rückseite des Erdgeschosses, von denen eines mit einer doppelflügeligen Tür den Zutritt zum Garten eröffnete, lagerten noch Einzelstücke des großbürgerlichen Haushalts der Familie Langbein. Es waren vor allem Biedermeiermöbel, die nach dem Tod der beiden Tanten, die bis 1981 in diesem Haus gewohnt hatten, in den Bestand des Kreismuseums übergegangen waren und noch dort standen. Im vorderen Teil des Erdgeschosses, der schon seit Anfang des Jahrhunderts als separate Wohnung für Mieter genutzt wurde, lebte Frau W., die mit ihrem Mann 1979 dort eingezogen war. Die Räume der inzwischen lange alleinlebenden Frau führten mit ihrem Mobiliar unmittelbar zurück in die Atmosphäre der Zeit vor dem Krieg.

Während die unteren Räume noch ganz dem ursprünglichen Zuschnitt des Hauses entsprachen, hatte die Familie D. ihre eigene Wohnung nach ihren veränderten Bedürfnissen umgestaltet. Wände waren umgesetzt worden, Fensterrahmen erneuert und Küche und Bad renoviert. Das, was kaputt oder nicht mehr aktuell war oder die Kinder nicht mehr brauchten, wurde auf dem Speicher abgestellt.

Inzwischen ist die Familie D. in eine kleine Eigentumswohnung an den Stadtrand gezogen. Danach stand das Langbein-Haus lange leer, bis es – nach dem Tod der Erben – erst vor wenigen Jahren für wenig Geld an Nachbarn verkauft wurde, die den Garten vollständig gerodet haben.

Nicht nur im Langbein-Haus, sondern bei vielen Streifzügen durch die Straßen und Gebäude der Stadt zeigte sich, wie sehr in der Provinz die Reste vergangener Epochen noch mit dem Alltag verwachsen waren.

Langbein-Haus (links von der Bautischlerei) Dresdener Straße 14, 1990

In der DDR lebte man von der Substanz, aber nicht, weil man wollte, sondern weil man musste. Ökonomische Gründe waren es auch, die die Leute veranlassten, fast alles aufzuheben. Die DDR war im Gegensatz zur westlichen Wegwerfgesellschaft eine strikte Wiederverwertungsgesellschaft: Schließlich wusste man nie, wozu man etwas noch einmal brauchen konnte. Vergangene Wohnstile und Moden waren hier nicht, wie im Westen, neu entdeckt, imitiert und in neue Modeströmungen integriert worden, sondern man konnte in der Provinz bis zuletzt Dinge der 20er, 30er, 40er, 50er und 60er Jahre gleichzeitig vorfinden. Die Cocktailbar, eine in westlichen Großstädten seit einigen Jahren wiederentdeckte Kultur, gab es im Kulturhaus »Schweizergarten« in Wurzen noch im Original. Noch! Denn das, was in der DDR allmählich verfiel und durch Gebrauch und fehlende Reparaturen verschliss, wurde nun im Zeitalter der Marktwirtschaft im Zeitraffertempo abgerissen, erneuert, verändert oder schlicht – bis zur weiteren Verwendung – zum Niemandsland erklärt.

In den fünf Jahren, in denen ich immer wieder für einige Monate im Langbein-Haus gewohnt habe, konnte ich zusammen mit der Entwicklung, die allein dieses Haus und seine Bewohner genommen haben, den Wandel der Zeiten besonders hautnah miterleben. Ich war Zeugin einer beschleunigten Vernichtung von Alltagskultur und ihrer Erneuerung. Es wurde rekonstruiert, abgerissen und weggeworfen, als sollte ein schwerer Makel getilgt werden.

S. 24–29:
Langbein-Haus, 1990

Des Vaters Segen
bauet
den Kindern Häuser.

Crostigall, 1994

Frau R. R. vor ihrem Haus am Crostigall,
bis 1990 Vorsitzende der Kreisorganisation des
Demokratischen Frauenbundes Deutschlands,
1994

J.C.

Erste Eindrücke

Von der unteren Wenceslaigasse zum Badergraben

Von Wurzen gab es bei meiner Ankunft keinen gültigen Stadtplan. Ein neuer Stadtplan mit teilweise geänderten Straßennamen erschien erst Mitte 1991. Als Fremde sah ich mich im Sommer 1990 daher gezwungen, die Stadt mit dem Notizblock in der Hand Straße für Straße zu erkunden. Bei meiner Ankunft führte mich mein erster Weg durch die Wenceslaigasse. Die Kreuzung Dresdener Straße, Bahnhofstraße, Crostigall und Wenceslaigasse mit Postsäule bildet das südliche Tor zur Stadt. Hier entstanden in kürzester Zeit ein erster Jeansladen und ein Elektronik-Radio-Geschäft. Mich interessierte damals allerdings vor allem der kleine Konsum an der Ecke. Dort wurde alles, was der Konsum noch im Bestand hatte, für je 50 Pfennig verramscht. Geschirrhandtücher, Schreibblöcke, Untersetzer, die bekannten Hühnereierbecher, Pfeffer- und Salzstreuer und vieles mehr, meist aus Plastik. Mit der Zeit hatte ich schon ein gewisses Vertrauensverhältnis zu der netten Verkaufsstellenleiterin aufgebaut. Immer, wenn ich vorbeikam, wies sie mich auf neu eingegangene Produkte hin und flüsterte verschwörerisch »Hier, gucken Sie mal. Ich dachte gleich, das ist etwas für Sie.«

Auch die Zeitungslandschaft änderte sich rasant, was ich an der bunten Mischung im Schaufenster täglich erkennen konnte. Frau G. A. arbeitete damals im staatlichen Postzeitungsvertrieb. Zur Wendezeit sei der Absatz an Zeitungen und Zeitschriften enorm hoch gewesen, mit zunehmender Arbeitslosigkeit dann aber erheblich zurückgegangen. Ihr tat es leid, viele einst rare und beliebte Zeitungen unausgepackt zurückgeben zu müssen. Sie kannte ihre Kunden und habe gewusst, wer »schön rot« war und wer nicht. Etliche Leser des »Neuen Deutschlands« seien nach der Wende die ersten gewesen, die die Bildzeitung gekauft hätten.

Ein Teil der Läden auf der einen Seite der Wenceslaigasse stand offenbar schon zu DDR-Zeiten leer, viele Häuser waren unbewohnt. Trotzdem war die öffentliche Empörung groß, als der Bäcker R. seine Ladenfront weiß kacheln ließ. Selbst Wurzener, die sich für Fragen des Denkmalschutzes überhaupt nicht interessieren, fanden das hässlich. Alle Fußgänger liefen unbeeindruckt um riesige Kohlenberge herum, die im Winter vor Häuser und Geschäfte gekippt wurden.

An der nächsten Ecke geht die schmale Färbergasse ab, eine zum Teil unbefestigte kleine Straße mit alten Häusern, noch mit historischen Sitznischenportalen. Dort hatten zwei Männer aus der Umgebung eine Erotikbar aufgemacht. Es regnete in Strippen, als ich eines Abends eigentlich noch keine Lust hatte, in meine Dachstube zu gehen. Durch Zufall lief ich gerade an der neu aufgemachten Bar mit Neonschild und rot eingefassten Fenster- und Türrahmen vorbei und fasste, neugierig wie ich war, Mut. Durchnässt und frierend stand ich vor der noch verschlossenen Tür, klingelte und wurde von zwei Männern, die anfangs zögerten, dann doch hineingelassen. Beide waren etwa 25–30 Jahre alt und eigentlich ausgebildete Kraftfahrzeugschlosser, die jedoch zuletzt als Kraftfahrer beschäftigt waren. Nach der Wende haben sie für ein paar Monate im Westen gearbeitet und dort, wie sie sagten, bereits ein paar Erfahrungen in ähnlichen Bars gesammelt. Natürlich war die Skepsis der Nachbarn in der Färbergasse groß. Ein paar Tage zuvor hatte ich in der Tageszeitung »Wir in Wurzen« gelesen, dass die beiden Männer die anliegenden Bewohner zu Kaffee und Kuchen einladen wollten, um Misstrauen zu zerstreuen. Dazu kam es nicht. Nur wenige Monate später schloss die Bar.

Auf der anderen Seite der Wenceslaigasse zweigt die Barbaragasse Richtung Unter der Tanne, Sperlingsberg und Badergraben ab. Wie hier, am damaligen Sitz der Wurzener Wohnstättenverwaltung, entdeckte ich an den meisten Häusern noch Fahnenhalter und versuchte mir vorzustellen, wie es einmal ausgesehen haben mag, wenn sie alle mit Fahnen bestückt gewesen sind.

Auf der kleinen Brache am Sperlingsberg habe ich nie jemanden Tischtennis spielen sehen, wenn ich dort langlief. Die Wand dahinter war mit wilden bunten Schriftzügen bemalt, unter anderen mit der häufig auftauchenden englischen Synthie-Pop-Band »Depeche Mode«. Sie wurde in den 1980er Jahren in der DDR zur Kultgruppe, um die sich zum Ärger der SED überall im Land hunderte von Fangruppen gebildet hatten. Immerhin gelang es der Band, mit der SED für den 7. März 1988, dem 42. Geburtstag der FDJ, in Ostberlin einen Live-Auftritt in der Werner-Seelenbinder-Halle auszuhandeln. Die Tickets zu je 15 DDR-Mark waren auf 6 000 Stück begrenzt und eigentlich nur für FDJ-Mitglieder bestimmt. Doch der Schwarzhandel blühte. Ob ein Jugendlicher aus Wurzen dabei sein konnte, habe ich nie erfahren.

Im ersten Nachwendejahr musste »Alles raus«, was in der DDR produziert wurde. Im Badergraben beobachtete ich oft einen Verkaufsbus, der Reste an Bett- oder Haushaltswäsche anbot. Neue kleinere Geschäfte eröffneten in sogenannten Garagenshops. So hatte zum Beispiel Frau M. G. zusammen mit ihrem Mann und dessen Freund einen kleinen Textilhandel »DEMEGA« aufgemacht hat. Zuvor war sie im Jugendweiheausschuss tätig gewesen.

In der Komplexannahmestelle im Erdgeschoss eines prächtigen Jugendstilhauses im Badergraben konnte man noch Haushaltsgeräte zur Reparatur oder auch Kleidung und Betten in die chemische Reinigung geben. Die Reparatur von Schirmen, die auch angeboten wurde, soll zuletzt Monate gedauert haben. Nach der Schließung eröffnete dort ein junges Wurzener Paar das erste, bis heute beliebte italienische Restaurant »La Grotta«.

An Wochentagen waren die Straßen sehr belebt. Die Leute kauften ein, waren in Arbeitskleidung, Schlosseranzügen, Kitteln oder Schürzen unterwegs, schoben im Gespräch ihr Fahrrad oder den Kinderwagen und blieben oft zu einem Plausch stehen.

Insgesamt überwogen auf den Straßen in meinen Fotografien die Älteren, die Generation der 22–35-Jährigen sieht man weniger, sie hatte aufgrund der hohen Arbeitslosigkeit häufig nach beruflichen Möglichkeiten im Westen gesucht. Die Zahl der Autos, meist Trabbis, war noch überschaubar, Fabrikate aus dem Westen kaum zu sehen. Bäcker und Fleischer hatten montags geschlossen, an Samstagen öffneten alle Geschäfte nur bis 12 Uhr.

Am Wochenende blieb es immer sehr ruhig auf den Straßen. Nur an den Sonntagsnachmittagen traf ich auf ein paar Familien, die mit ihren Kindern durch die Stadt schlenderten, um Auslagen anzuschauen oder ein Eis in einer der drei Eisdielen zu essen. Abends waren die Straßen und Plätze mit ihrem alten Kopfsteinpflaster in Wurzen wie ausgestorben, man konnte regelrecht von einer leeren Stadt sprechen. Ich musste aufpassen, aufgrund der spärlichen Beleuchtung nicht in eines der großen Asphaltlöcher zu treten, die bei Regen zu kleinen Seen zuliefen, die ich nicht mehr überspringen konnte. Von den Dächern kamen ab und zu ganze Sturzbäche runter, weil Regenrinnen defekt waren, der Boden weichte auf. Überhaupt die Dunkelheit! Während Nina Hagen 1978 über das »TV-Glotzen von Ost nach West« sang »Ist alles so schön bunt hier«, fiel mir im Vergleich zum Westen auf: Es ist alles so dunkel hier. Doch es war nicht die Finsternis, die die Stadtbewohner abends zu Hause hielt und immer noch hält, sondern auch die Angst vor Kriminalität, die man, so heißt es übereinstimmend, früher nicht gekannt hätte.

Vorige Doppelseite: Kreuzung Dresdener Straße, Bahnhofstraße, Crostigall und Wenceslaigasse mit Postsäule, 1990

30
DIE WELT

Links:
Zeitungsladen in der Wenceslaigasse 30,
1990

Derselbe Laden als Teegeschäft, 2015

Wenceslaigasse, 1990 und 2015 (rechts)

Links oben:
Wenceslaigasse, 1990

Links und rechts unten:
Wenceslaigasse 1990 und 2015

Wenceslaigasse, 1990 und 2015 (rechts)

Folgende Doppelseite:
Kunstgewerbeladen in der Wenceslaigasse, 1990

HO
KUNS

EWERBE
HO

Kunstgewerbeladen in der
Wenceslaigasse, 1991

Finanzberatung, Nachmieter des Kunstgewerbeladens, 2015

Färbergasse, 1990

Sperlingsberg, 1990

Folgende Doppelseite:
Ehemaliger Sitz der Wurzener Wohnstättenverwaltung
in der Wenceslaigasse, Ecke Barbaragasse, 1990

Cunnersdorf
NG
in Leipzi
en unsere

verwaltung
WELTSCHUTZ

Badergraben, 1990

Badergraben, 1990 und 2015 (rechts)

Folgende Doppelseiten:
Wenceslaigasse, 1990 und 2015

Damensalon
WEINE SPIRITUOSEN

Einheitsfeier mit Hoffnungen

Von der oberen Wenceslaigasse zum Markt

Café
LOTTO

TUI ReiseCenter
HÖRGERÄTE
TUI ReiseCenter
Hellriegel
dienst
BASI

Wie oft saß ich in der oberen Wenceslaigasse im HO Tagescafé, damals noch mit Gardinen, künstlichen Blumenkörbchen und Deckchen auf den Tischen und machte mir Notizen zum Tag! Das Café ist später von O. P., dem Sohn des einstigen Inhabers, der in den 1950er Jahren nach Hamburg gezogen war, übernommen worden. O. P. hat einige Jahre lang im Tagescafé edle Pralinen hergestellt, bevor er sich in Wermsdorf als Chocolatier ganz darauf spezialisiert und mit ihnen auch Preise gewonnen hat.

Auf meinem Weg zum Markt kam ich immer am Damensalon PGH Chic vorbei. Hier traf ich einmal die Reinemachefrau G. R. zum Interview, die in den Wintermonaten frühmorgens den Kohleofen bestücken musste. Es ist nicht das einzige Geschäft in Wurzen, das bis zuletzt mit Kachelöfen geheizt wurde. Als Westberlinerin war das für mich nicht ungewöhnlich. Noch bis Ende der 80er Jahre brachten Kohlehändler die Briketts für meine drei Kachelöfen in eine kleine Kammer meiner Altbauwohnung.

Gegenüber steht ein mittelgroßes Kaufhaus mit Galerie, ehemals Modehaus Moritz Rahn (1927). Sein Sohn und Nachfolger war zusammen mit dessen Ehefrau in der Nachkriegszeit aus bislang ungeklärten Gründen hinter der Unterführung am Bahnhof ermordet worden. Schräg gegenüber schaute ich oft durch die in Herbst und Winter beschlagenen Fensterscheiben der immer gut besuchten und inzwischen abgerissenen »Partisanenhöhe«, wie dieser Schnellimbiss unter den Wurzenern genannt wurde. Die Boutique »Adrett« rechter Hand, kurz vor dem Markt, gefiel mir besonders wegen des Namens und der interessanten Schrift über dem Schaufenster. Es gab viele, oft beiläufig wahrgenommene Details von Farben und Design, die mir bei meinen Spaziergängen auffielen.

Die Geschäfte hatten sich sowohl innen als auch außen noch kaum verändert. Reklameschilder für Westprodukte wie »Tchibo« oder die Zigarettenmarke »West« wirkten wie Fremdkörper an den Schaufenstern und Geschäftstüren. Doch handgemalte Schilder »Verkauf im Hinterhof«, leere Auslagen oder Plakate mit dem Hinweis »Freitag, den 10.5.1991, letzter Verkaufstag« kündigten an, dass nun schon zum zweiten Mal mit dem Um- und Ausbau der Läden begonnen wurde. Nur ein Jahr zuvor, im Juli 1990, war die staatliche Handelsgesellschaft HO von der Treuhand in die PARAT Handelsgesellschaft mbH umgewandelt worden. Es folgten wochenlange Schließungen wegen Umbaus und betriebswirtschaftlicher Umorganisation.

Während in dieser Zeit viele wilde Märkte entstanden, wurde auf der Regionalseite der Leipziger Volkszeitung jede neue Geschäftseröffnung einzeln gefeiert. Aber bereits ein Jahr später, 1991, kündigten PARAT-Plakate erneut die Auflösung der GmbH und damit den Totalausverkauf und die Reprivatisierung der Geschäfte an. Wegen der erneuten Umstrukturierung standen wieder viele Läden leer. Bis sich neue Ladenbesitzer fanden und offene Eigentums- und Rückführungsfragen geklärt werden konnten, dauerte es oft viele Monate. Die langjährige Regionalleiterin der HO in Wurzen hätte sich gewünscht, dass mehr ehemalige Mitarbeiter die Geschäfte übernehmen würden. Ausschreibungen seien zwar erfolgt, sagte sie mir, aber nur zehn Kollegen hätten ein Geschäft übernommen. Die meisten hätten das Risiko gescheut, in der Marktwirtschaft zu bestehen oder die finanzielle Rückendeckung habe gefehlt.

Der Marktplatz hat in jeder Stadt eine ganz besondere Bedeutung, als Ort für öffentliche Veranstaltungen, als Einkaufszone oder einfach nur als Treffpunkt. Der überschaubare, rechteckige Marktplatz in Wurzen wird gesäumt von überwiegend historischen Gebäuden, in die sich das Alte

Rathaus, ein schlichter klassizistischer Bau mit Turm, an der Südwestecke harmonisch einfügt. 1950 wurde der Markt in »Platz der Deutsch-Sowjetischen Freundschaft« (kurz DSF) umbenannt. 1990 erhielt er wieder seinen alten Namen. Zu DDR-Zeiten gab es hier kleinere Märkte in bescheidenem Umfang, bis er im Herbst 1989 zum Schauplatz von Demonstrationen und Reden wurde. Anfang Dezember hatte ein künftiges DSU-Mitglied den Teilnehmern eines Demonstrationszugs auf dem Marktplatz vorgeschlagen, über die Deutsche Einheit abzustimmen. Wer für die Deutsche Einheit und die D-Mark sei, sollte durch die marode Badergasse gehen, alle anderen durch die Haupteinkaufsstraße, die Jacobsgasse. Beide Straßen führen vom Marktplatz weg. Die Mehrheit ging durch die Badergasse.

Am ersten Tag der Deutschen Einheit, dem 3. Oktober 1990, war ich auch dabei. Es herrschte eine ruhige Atmosphäre bei schönem Wetter, sächsischem Bier, deutschem Wein und natürlich Bockwurst. Jung und Alt hatten sich an diesem Tag zusammengefunden, saßen auf Bänken vor einer kleinen Tribüne und schauten Musikanten und Tänzern zu. Vor dem Rathaus waren Tische aufgestellt, an denen die Kinder malen und spielen konnten. Die SPD warb mit Kochlöffeln und auch die CDU verteilte Geschenke. Eine junge Frau in Kittelschürze stand nicht weit entfernt vor einem Hauseingang in der Wenceslaigasse hinter einem kleinen selbst aufgebauten Tisch und bot frisch gebratene Hähnchenkeulen an. Die Mitarbeiterinnen der Stadt- und Kreisbibliothek im Alten Rathaus schütteten Berge von nicht mehr aktuellen Buchbeständen zu Spottpreisen in den weitläufigen Flur. Die kleinen quadratischen, aber recht tiefen Pappköfferchen, auf denen mit großen weißen Lettern KREISBIBLIOTHEK 725 WURZEN stand, wurden gleich mit verschenkt.

Ich packte Bände der mir bekannten DDR-Schriftsteller ein und war erstaunt über die enormen Bücherberge, die das einstige Leseland DDR für Pfennigbeträge auch in der Buchhandlung Ringelnatz am Markt verramschte. Der Leiter erklärte mir, dass er früher Bücher in Stückzahlen bestellt hätte, von denen er zwar wusste, dass sie nie geliefert würden, aber doch in der vagen Hoffnung, er könnte auf diese Weise drei Exemplare mehr bekommen. Plötzlich sei die umgekehrte Situation eingetreten: Die Verlage hätten die schon vor Monaten eingereichten, hohen Bestellzahlen dann zu einem Zeitpunkt realisiert, zu dem die Bücher aus DDR-Verlagen kaum mehr nachgefragt wurden. In dieser Situation hätten nur noch große Container geholfen.

Von der dem Rathaus gegenüberliegenden Liegenbank, einer aufgemauerten Geländestufe, hat man einen guten Blick auf die umliegenden Gebäude und Geschäfte des Marktplatzes, von denen ich ein paar aufzählen möchte, so, wie ich es Ende 1990, Anfang 1991 erlebt habe. An der Liegenbank befand sich ein Imbiss, den es noch heute gibt; daneben das Geschäft »Jugendmode«. Wie viele andere Geschäfte wechselten die Inhaber in den darauffolgenden Jahren sehr häufig. Nach den Märkten der Drogeriekette »Schlecker«, die sich bis zu ihrer Insolvenz auf fast allen prominenten Plätzen der Städte in den neuen Bundesländern breitmachten, wechselten die Inhaber in schneller Folge.

Zwei Hotels aus dem 19. Jahrhundert zeugen von den Zeiten, in denen das Gastgewerbe durch sich entwickelnden Handel, Verkehr und Tourismus auch in Städten wie Wurzen schnell gewachsen ist. Das Hotel »Pippig«, das bei meiner Ankunft zwar noch eine Gaststätte betrieb, aber längst keine Zimmer mehr vermietete, sah aus, als ob es jeden Augenblick einstürzen könnte, wenn es nicht rechts und links von anderen Häusern gestützt würde. Und tatsächlich erfuhr ich später, dass man die oberen Etagen seit Jahren wegen der baufälligen Substanz nicht mehr betreten konnte. Ein paar ältere Ehepaare kamen an einem Sonntagnachmittag zu einem letzten Tanztee noch einmal zusammen, bevor es für viele Jahre ganz seine Tore schloss. Nach einer Teilsanierung sind jetzt in den oberen Etagen Büros und Wohnungen vermietet. Das andere Hotel am Platz ist schon seit Anfang des Jahrhunderts nicht mehr in Betrieb und zum Kinderkaufhaus »Brummi« geworden.

An das Hotel »Pippig« schloss sich ein Elektroladen an und an der Ecke Markt/Schuhgasse ein staatliches »Gardinen-Stoff-Centrum«, heute der Sitz des CDU-Kreisverbands Wurzen. Davor stand eine der wenigen alten Telefonzellen, in der sogar noch ein Telefonbuch lag, das sonst kaum mehr zu finden war. Ein kleines Stück weiter, an der Ecke Schuhgasse/Albert-Kuntz-Straße konnte ich in einem Plattenladen mit Pop-Art-Gitarren an der Wand stöbern. Heute wird der Laden von einem Kochstudio genutzt.

Die Drogerie nördlich vom Markt, Ecke Albert-Kuntz-Straße, hatte mit einem selbstgebastelten Schild schon Tage zuvor Feuerwerkskörper für diesen Festtag angeboten. Der Drogist G. und seine Mitarbeiterin sahen damals den letzten Wochen der Öffnung des Ladens entgegen. Herr G., schon weit im Rentenalter, arbeitete noch, weil es ihm einfach Freude machte und er nicht allein zu Hause sitzen wollte.

In dem prachtvollen, gelb verputzten historischen Gebäude, gegenüber dem ehemaligen »Hotel Pippig« war die »Gesunde Ernährung« untergebracht, ein Geschäft, das einem Reformhaus ähnelte und 1991 schließen musste. Daneben versprach ein Kosmetiksalon »Wilde Schönheit«. Auf der Seite des Alten Rathauses, zur Badergasse hin, hat nach Anlaufschwierigkeiten und Schließung heute wieder eine Eisdiele geöffnet. Die Kunden von Drogist G. sind jetzt bei »Rossmann« neben dem Alten Rathaus zu finden.

Das Marktgeschehen, das vor der Wende streng reglementiert war, musste vom Ordnungsamt völlig neu geregelt werden. Jeden Mittwoch trafen sich nun Händler aus Ost und West, um zum Teil mit den einfachsten Mitteln aus dem Auto oder mit Hilfe selbstgebauter Tische Blumen, Obst und Gemüse, Kurzwaren und Pullover an den Mann, besser: die Frau zu bringen. Händler aus Ost und West wetteiferten in den ersten beiden Nachwendejahren mit Waren zweifelhafter Qualität zu Wucher- oder Dumpingpreisen. Die damalige stellvertretende Bürgermeisterin und Hauptamtsleiterin beim Rat der Stadt, Frau A. N., war vor der Kommunalwahl im Mai 1990 Stadträtin für die örtliche Versorgungswirtschaft. Sie hatte beobachtet, wie die Freude der Wurzener über die neu gewonnene Freiheit durch die neue Konkurrenz aus dem Westen überschattet wurde und böse Anrufe bekommen, warum sie die einheimischen Händler nicht schützte.

Auffällig war, dass viele arbeitslos gewordene Ostdeutsche die Hoffnung hatten, sich als Versicherungsvertreter eine neue berufliche Zukunft zu schaffen. Eine Hoffnung, die sich schon nach wenigen Jahren leider als Trugschluss herausstellte.

In den Gesprächen, die ich am 3. Oktober 1990 und in den folgenden Wochen auf den Straßen und Plätzen mit den Wurzenern führte, zeichneten sich bereits Skepsis und Zukunftsängste ab. Der vor der Wende immer wieder, von allen fast gleichlautend geäußerte Satz: »So konnte es nicht mehr weitergehen« begann sich zu verändern in die Worte: »Aber so, wie es jetzt ist, kann es auch nicht bleiben«.

Wenceslaigasse, 1990 und 2005

Wenceslaigasse, 1990

Wenceslaigasse, Tag der Deutschen Einheit, 3. Oktober 1990

Blick von der Liegenbank in die Wenceslaigasse, 1990 und 2015 (rechts)

S. 68 – 71:
Tag der Deutschen Einheit,
Markt, 3. Oktober 1990

FREINSHEIM/WEINSTRASSE
WEINHANDLUNG
Deutscher
Wein zur deutschen Einheit

Elektro-Momber

Jugendmodezentrum
HO
Jugendmodezentrum
parat
parat
parat
parat

Jugendmodezent
Liegenbank
parat
parat

Jugendmodezentrum
parat
parat

Vorige Doppelseite:
Teppichhändler, Markt, 1990

Diese Doppelseite: Markt, 1990

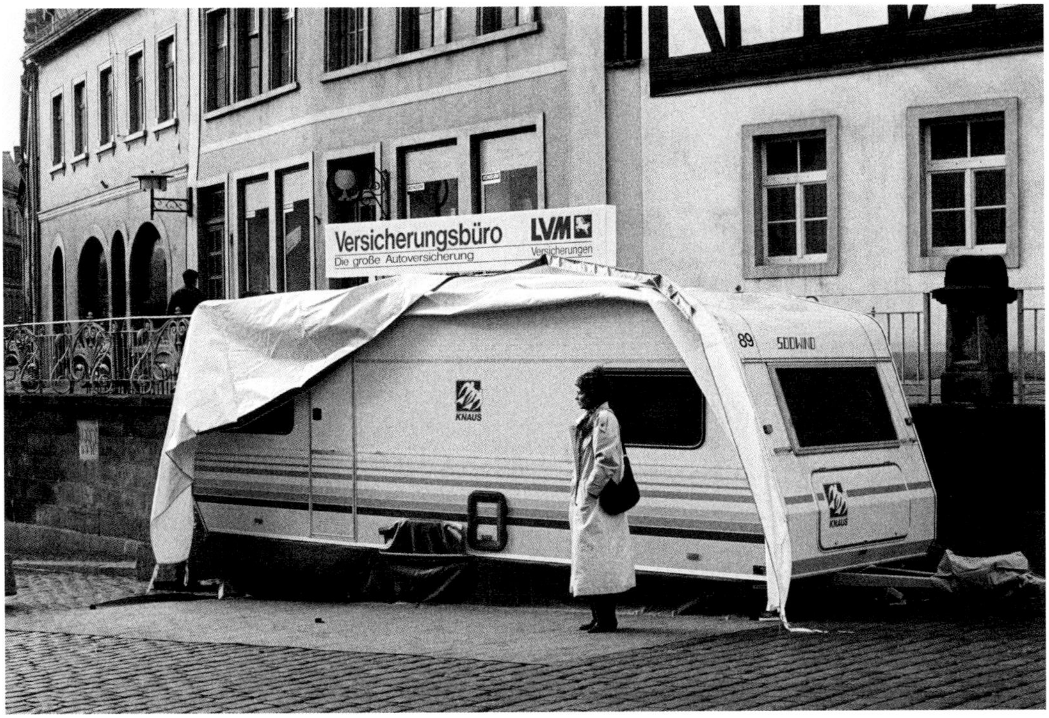
Versicherungsbüro
Die große Autoversicherung
LVM
Versicherungen
89
KNAUS
KNAUS

LEBENSMITTEL
BLUMEN

Links:
Markt, 1991

Geschichtsspiele über den Fladenkrieg von 1542 auf dem Markt, 2004

Sowjetsoldaten beim Einkauf, Markt, 1990

Tanztee im Hotel Pippig, Markt, 1990

Schallplattenladen, Markt, Ecke Schuhgasse, 1990

Folgende Doppelseiten:
Drogerie von Herrn G.,
Albert-Kuntz-Straße, 1990 und 1996

Kontaktspray
Perwoll
Spee
Perwoll

Gummipflegespray
Feuerwerk
für
3. Okt.
Lenor
Fay

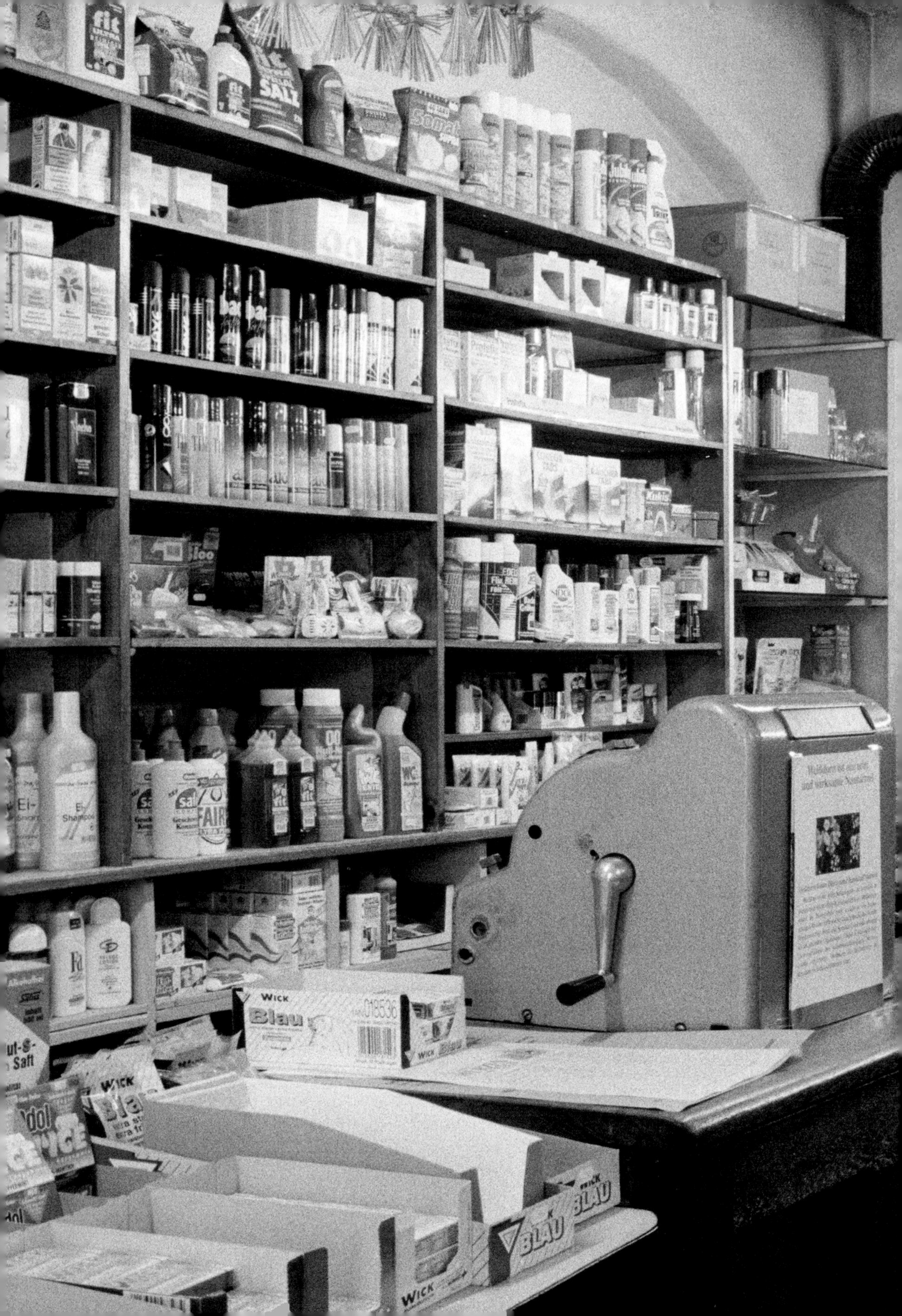
WICK
Blau
WICK
BLAU
SALZ
Ei-
Shampoo

Gutnacht -

Litfaßsäule in der Albert-Kuntz-Straße
1990 und 2019 (rechts)

02. NOV 19
11. MUSIK- &
KNEIPEN
NACHT
in Wurzen
5 Kneipen · 5 Bands
Beginn 19 Uhr
Wurzen Schlosshotel
SPINNEN
UND INSEKTEN
AUSSTELLUNG
CRYOTEC
PRÄSENTIERT
ZAUBER DER
EISKRISTALLE
22. WURZENER
NACHTSHOPPING
08.11.
ab 18 UHR
15:00 UHR
20:00 UHR
EINTRITT ZUM FREIBAD FREI
SEEBAD SCHILDAU

P
SZN 4-50

Wohnen und Arbeiten mitten in der Stadt

Durch die Jacobsgasse über den Jacobsplatz zur Badergasse

Deka

P

Der dreieckige Jacobsplatz gehört zu den ältesten Plätzen der Stadt. Mit dem alten Stadtgut zusammen bildete er noch im Jahr 1990 ein geschlossenes, harmonisch geschnittenes Ensemble aus historischen Wohn- und Geschäftshäusern. Nach dem Abriss des Stadtguts 1992 genehmigte die Stadt an dieser Stelle den Neubau eines Geschäftshauses mit Gauben, großem Innenhof und rückseitigem Wohnpark. Im Erdgeschoss residierte fortan die Sparkasse, im meist verwaisten Innenhof entdeckte ich ein Geschäft für Sportwaffen. Vietnamesische Textilhändler, die es vorher schon am Jacobsplatz gab, haben die Umstrukturierung offenbar gut überstanden und schieben wie eh und je ihre Kleiderstangen mit Billigware auf die Bürgersteige.

Bevor man den Jacobsplatz erreicht, geht man durch die zweite große Einkaufsstraße, die Jacobsgasse. Hier gab es Anfang der 1990er Jahre fast alles: Mode für Damen, Herren und Kinder, Haushaltselektrik, Kurzwaren, einen Bäcker, einen Fleischer, einen Optiker, einen kleinen Briefmarken- und einen Spielzeugladen, um nur einige zu nennen. Und natürlich entdeckte ich wieder einen »Friseur PGH Chic« und gewann fast den Eindruck, dass Wurzen eine der Städte mit den meisten Friseuren, Kosmetikläden und Drogerien gewesen sein muss und es wohl auch bleiben wird. Einige Geschäfte in der Jacobsgasse sind traditionsreiche Familienbetriebe und weiterhin in Privatbesitz. Andere, wie der Verkäufer im Briefmarkenladen, hatten sich Anfang der 1980er Jahre, im Zuge einer Erleichterung privaten Handels und Gewerbe durch die SED, selbstständig machen können. Alle Inhaber und Verkäufer, mit denen ich dort sprach, berichteten von früher florierenden Geschäften und einem langjährigen Kundenstamm, der nach dem 3. Oktober 1990 schnell zusammengebrochen sei.

Mit einem großen Schuhgeschäft an der Ecke, einem Delikatladen, einem Geschäft für Täschnerwaren, sowie einem Geschäft für Uhren und Schmuck offenbarte sich der Jacobsplatz vor der Wende als Ort für exklusive Waren mit gehobenem Preisniveau. Schon die Schaufenster aus dunkelbraunem Holz und einem schlichten klassischen Design fielen mir sofort auf. Hier wird wenig später der ehemalige Stadtrat R. H. als nicht mehr ganz so junger Jungunternehmer ein paar Jahre lang versuchen, sich eine neue Existenz aufzubauen und elegante Lederjacken und edle Taschen zu verkaufen, bis er aufgrund der Konkurrenz durch die neuen Einkaufszentren in der Region enttäuscht aufgeben musste. Die »Vitaminquelle«, ein großer Obst- und Gemüseladen war 1990 für viele ein Ort, wo man sich häufig begegnete und unterhielt. Die Menschen hatten und nahmen sich mehr Zeit füreinander als heute. Man brauchte Improvisation, Beziehungen und Eigeninitiative, um »zu überleben«. Einkaufen während der Arbeitszeit war zum Beispiel gängige Praxis, die geduldet wurde, weil die Läden abends nicht mehr viel anzubieten hatten.

Nach der Wende entwickelte sich auf dem Jacobsplatz wieder ein kleiner Obst- und Gemüsemarkt. Auf dem Platz selbst, an einer Imbissbude aus grell rot-gelb-blau bemalten Brettern, konnte man Bockwürste und Roster essen und dabei auf einem selbstgemachten Plakat, das an einer Litfaßsäule klebte, lesen, dass Gysi lügt.

Am Jacobsplatz und der unmittelbaren Umgebung hatten sich schon seit Jahrhunderten Handwerker- und Gewerbebetriebe angesiedelt. Die meisten dieser Gebäude sind längst abgerissen, aber es gibt doch noch einige von ihnen, wenn auch in einem jämmerlichen Zustand. Beispielsweise sieht man in der Badergasse noch linkerhand den gesamten ruinösen Bereich der ehemaligen Brauerei mit einer traditionsreichen Gaststätte. Heute stehen da schmucke Reihenhäuser. Straßennamen wie Badergasse, Badergraben, Kannengießergasse, Schuhgasse oder Mühlgraben verweisen noch auf die Handwerkstradition der Stadt.

Neben einer kleinen Kunstschmiede an der Stirnseite des Jacobsplatzes konnte ich im März 1991 noch ein letztes Mal G. M. in seiner alten Schmiede auf einem großen, historischen Grundstück besuchen. Ich hatte es immer sehr gemocht, ihm bei der Arbeit zuzusehen. Wenige Wochen später wurde die Schmiede im Zuge der vom Bund und dem Freistaat Sachsen geförderten Altstadtsanierung abgerissen. In die dort entstandene neue Häuserzeile zog die Raiffeisen-Volksbank ein. Die bisher namenlose Gasse, die an der Ecke vor der Schmiede vom Jacobsplatz abzweigt, wurde in Erinnerung an das alte Handwerk in Schmiedegasse umbenannt. Sie verbindet den Jacobsplatz mit der Schweizergartenstraße und führte damals auf einer unbeleuchteten und schlecht gepflasterten Gasse zu einem grau verputzen, langgestreckten fensterlosen Gebäude, in dem sich ein riesiger, hoher Saal befand, der ehemalige Jugendclub.

Während das »Nordlicht«, ein kleinerer Club im nördlichen Plattenbaugebiet, nach der Wende schnell schließen musste, weil die Stadt ihn nicht mehr finanzieren wollte, gab es für diesen Jugendclub in den Nachwendejahren noch ein paar Interessenten aus den alten Bundesländern. Doch am Ende war auch das vergebens. Dabei konnte der Jugendclub mit seinen in der DDR überregional beachteten Jazzveranstaltungen auf glorreiche Zeiten verweisen. Doch gerade weil es so erfolgreiche Konzerte waren, wurden seine Aktivitäten von der SED-Kreisleitung immer weiter eingeschränkt, und schließlich wurde der Jugendclub dann ganz verboten. Waren die Angebote für die Jugendlichen vor der Wende somit ohnehin entweder nur unter politischer Beobachtung zu genießen oder überhaupt begrenzt, klaffte mit der Schließung der beiden Jugendclubs nun eine noch größere Lücke, die auch durch den langwierigen Aufbau von Jugendzentren nicht geschlossen werden konnte. Die Jugendlichen zogen entweder weg oder verteilten sich auf die Angebote in den umliegenden Kreisen.

Mir fiel immer wieder auf, wie stark bei den meisten Interviewpartnern bis heute lokale Geschichtskenntnisse und Heimatbindung ausgeprägt sind. Die Frage »Gehen oder Bleiben?« war in der DDR zu ganz unterschiedlichen Zeiten immer aktuell. Viele haben das Land verlassen, doch die Verbundenheit zu Familie, Verwandten, Freunden und zur Heimat haben selbst kritische DDR-Bürger bis heute zum Bleiben bewogen. Dazu beigetragen hat der »Rundblick«, eine Halbmonatszeitschrift, die Manfred Müller zusammen mit einer ganzen Reihe von Mitstreitern seit 1954 unter oft schwierigen Bedingungen mit Leidenschaft herausgeben konnte.

Der in Wurzen lebende Landschaftsmaler Hans-Peter Hund hat die unterschiedlichen Lichtstimmungen in der Region in oft schwermütigen Farben festgehalten. Das »Bleiben-Wollen«, betonte er, musste kein Bekenntnis zum Staat bedeuten – und er erinnerte sich dabei an seine Kindheit und Jugend in der Nachkriegszeit, in der die Stadt, weil sie kaum Kriegsschäden zu verzeichnen hatte, noch erstaunlich intakt gewesen ist. Allerdings, so Hund, hätten die Auf- und Abwärtsbewegungen in Politik, Wirtschaft und Kultur inzwischen immer mehr an Bausubstanz und Natur zerstört.

S. 88/89:
Altes Stadtgut, Jacobsplatz, 1992

S. 90/91:
Neubebauung auf ehemaligem Grundstück des Stadtgutes, 2015

Diese und folgende Dopppelseite: Jacobsgasse, 1990

HAUSHALTELEKTRIK
parat
AKA ELECTRIC

MODESALON FÜR DEN HERREN
parat
parat
NEUERÖFFNUNG

KONSUM
KONSUM
KONSUM
KONSUM
BACKWARE
Schöller
Berühmt für gutes Eis

BACKWAREN
täglich
frisch

Chic
Friseursalon

BACKWAREN
täglich frisch
Chic

Jacobsgasse, 2015
und 1990

Jacobsplatz, Ecke Jacobsgasse, 1990

Umkehr in die Zukunft
Gysi lügt
IMBISS BOCKWURST
IMBISS BOCKWURST ROSTER
Stadt

EISDIELE

Jacobsplatz, 1990 und 2015

NI-ZOO

KÜCHEN
FRISCHE ERDBEEREN AUS POLEN
FRISCHER SPARGEL AUS POLEN

VITAMIN
KONSUM
FRANKREICHS BESTE KÖPFE

UELLE
KONSUM
KONSUM
KONSUM
KONSUM
KONSUM
KONSUM

Ich bin eine der Letzten, die den Schmied G. M. in seiner alten Schmiede aufsuchte. Ein Kind ist nie an einer Schmiede vorbeigegangen, ohne stehenzubleiben, sagte er mir und freute sich sichtlich über mein Interesse. Und ich fühlte mich plötzlich wieder wie ein Kind! Ich habe mir dann extra drei Tage Zeit genommen, um mit ihm sprechen zu können. Dadurch ist es mir gelungen, ihn zu fotografieren, noch während er arbeitete, und auch die alten Werkstatträume bis ins Detail fotografisch festzuhalten. G. M. zeigte und erklärte mir alles und warf für mich noch einmal den Blasebalg an, bis die Funken sprühten. »Ich bin noch ein paar Tage hier und mache was für meine Tochter und für meinen Bekannten« sagte er wehmütig. Die Tradition dieser Schmiede reicht bis ins 18. Jahrhundert zurück. Sie ist während dieser ganzen Zeit immer in privater Hand gewesen. G. M., 1927 in Leipzig geboren, hat bei seinem Vater, der bereits Schmiedemeister gewesen ist, das Handwerk gelernt. »In diese Schmiede ist 1918 der Strom reingekommen«, erzählte er mir. Dann zeigte er stolz auf einen Amboss, an dem er sein Gesellenstück angefertigt hatte. 1958 bestand G. M. die Meisterprüfung, 1966 erfolgte die Übernahme der Schmiede von seinem Vater. »Das Werkzeug war immer genau sortiert. Im Finstern fand man die Zange, die man brauchte. Und man muss schnell sein, das ist die Grundvoraussetzung.«

1923 hätte es in Wurzen elf bis dreizehn Schmiede gegeben. 1950, als er aus der Gefangenschaft nach Wurzen zurückkam, seien es nur noch fünf im Kreis gewesen. Auch wenn es das private Handwerk in der DDR schwer gehabt hätte, so hätte es einige vernünftige Ausbilder gegeben, die das Handwerk noch zu schätzen gewusst hätten, polterte er. In vielen Kämpfen habe er die Schmiede privat über die sozialistische Zeit retten können. Die Fortführung der familiären Tradition war trotz alledem oft gefährdet. Sein Sohn, gelernter Dreher, habe die Schmiede selbstständig weiterführen und dafür 1987 eine weitere Ausbildung machen wollen. Doch da sei vom Gewerbeamt die Antwort gekommen »Das kann ihr Sohn machen, aber ob er mal die Meisterprüfung macht, entscheiden nicht Sie, sondern wir.« 1991 musste G. M. wegen einer Grundstücksrückführung und der anstehenden Stadtsanierung die Schmiede doch aufgeben. Weil die Schmiede abgerissen werden sollte, wollte er sein altes Handwerkszeug dem Kulturgeschichtlichen Museum Wurzen, das in vielen Ausstellungsräumen handwerkliche Traditionen beschreibt und ausstellt, übergeben. Doch die Verhandlungen sind seiner Meinung nach an lange gewachsenen Uneinigkeiten zwischen ihm, den Verantwortlichen im Gewerbeamt und der Kulturamtsleiterin im Landratsamt gescheitert. Schon vor Jahren hätte die Stadt ihm den Gewerbeschein entziehen wollen. Der geringe Betrag, den er für die Überlassung vieler alter Geräte aus der Schmiede vom Kulturgeschichtlichen Museum gefordert hatte, wurde ihm nicht gewährt. So wolle er alle Gegenstände nun zum Schrottplatz bringen oder einem befreundeten Schmied schenken. Viele alte Traditionen gehen der Stadt so verloren.

Vorige Doppelseite:
Jacobsplatz 1990

S. 107–109: Alte Schmiede, Jacobsplatz, Ecke Schmiedegasse, 1991 (oben) und Neubebauung 2015 (unten)

Oben: Vor der alten Schmiede, Schmiedegasse, 1991
Unten: Schmiedegasse mit dem Eingang zum Jugendclub, 1991

Rechts: Badergasse, 1990

Badergasse, 1990 und 2020

Rechts: Grundstück der ehemaligen Brauerei, Badergasse 1992

SZG 9-78

Wirtschaft und Industrie entlang des Mühlgrabens

Vom Gerhart-Hauptmann-Platz zum Domplatz

ALDI
MARKT
P1
Frei
Frei

Die radfahrenden Schulkinder auf dem Gerhart-Hauptmann-Platz vermitteln für mich noch heute genau dieselbe Atmosphäre in Wurzen, wie ich sie in den 1990er Jahren erlebt habe. Die Aufnahme auf der vorigen Doppelseite entstand im November 1990, einem Monat, der für trübes Licht, den Frühnebel, die kürzer werdenden Tage und die aufkommende Melancholie steht. Die bunten Anoraks der Mädchen vor den grauen Türmen des Nahrungsmittelwerks Albert Kuntz erzeugen leuchtende Farbtupfer. Ich habe diese Aufnahme an einem Tag gemacht, an dem der Wind aus der Leipziger Tieflandbucht wehte. Die Wirtschaft im Gebiet südlich von Leipzig bestand vor allem aus dem Braunkohletagebau und den Betrieben zur Kohleveredlung. Entsprechend war die von dort herüberwehende Luft. Sie enthielt Feinstaub, Quecksilber und viele andere Schadstoffe, oft über den Grenzwerten. Mir bescherte das in einem besonders schlimmen Winter eine Augenentzündung und eine Erkältung, die wochenlang anhielt. Etwas Gutes hatte es doch: ich hörte mit dem Rauchen auf, für immer. Auch das Trinkwasser war bis in die 1990er Jahre durch seinen hohen Nitratgehalt so belastet, dass Ärzte den Eltern empfahlen, Kleinkindern in Flaschen abgefülltes Wasser zu trinken zu geben.

Die malerische Häuserzeile am Gerhart-Hauptmann-Platz wurde in den folgenden Jahren zum größten Teil abgerissen. Sie wurde durch gelb gestrichene Neubauten mit extra großen Gauben aus dem Baukastensystem ersetzt, wie sie inzwischen überall in Wurzen zu finden sind. Der Blick auf die neue Gebäudezeile ist allerdings durch das auf der ehemaligen Grünfläche des Platzes errichtete riesige Parkhaus verdeckt. Das meistens leerstehende Parkhaus erwies sich als Fehlplanung, denn das Sterben der kleinen Einzelhandelsgeschäfte konnte nicht durch mehr Parkfläche verhindert werden. Bevor ich meinen Interviewpartner Herrn P. besuchte, schaute ich bei seiner Lebensgefährtin in der ehemaligen Schulmöbelfabrik in der Albert-Kuntz-Straße vorbei. Frau P., die früher dort Schultafeln zusammenbaute, war nun mit neun anderen Frauen im Rahmen eines Pilotprojekts auf ABM-Basis beschäftigt. Sie nahmen alte, aber noch brauchbare Gegenstände an, reparierten sie und gaben sie an Bedürftige ab. Weiter den Gerhart-Hauptmann-Platz hinunter, schlängelten sich die Alte Nischwitzer Straße, die Berggasse, der Amtsweg und die Straße »Am Mühlgraben« an der Mulde entlang.

Herr P., der in der Berggasse wohnte, erwartete mich schon. Er hatte bis zum Sommer 1991 als Kranführer gearbeitet, wurde dann auf Kurzarbeit gesetzt und war anschließend arbeitslos, aber nicht untätig. Das winzige Haus, das er geerbt hatte, verfügte über einen der kleinen Gärten, die hinter den Häusern am Steilhang unterhalb des Schlosses angelegt waren. Hier baute er Gemüse an und hielt Kaninchen. Besonders beeindruckt war ich von der selbstgebauten Schalteranlage an der Seite seines Sessels. Damit konnte er alle notwendigen Funktionen wie Licht, Radio, Fernseher, Türöffner, Vorhänge usw. steuern. Wie viele Arbeiter, mit denen ich gesprochen hatte, fand er die Verhältnisse in der DDR besser als die folgende ungewisse Zukunft.

Von einer Anhöhe auf dem Weg zum Wurzener Schloss, oberhalb des Mühlgrabens, hatte ich einen weiten Blick über die Muldenaue nach Westen. Hier hatten sich hauptsächlich Industriebetriebe angesiedelt, die auf Wasserkraft angewiesen waren. Vor mir lagen der VEB Plastex – bis 1930 die berühmte Tapetenfabrik von August Schütz – und die imposante Teppichfabrik VEB Halbmond, die im Jahr 1856 am Rand der Stadt gebaut worden war.

In der traditionsreichen Teppichfabrik im Norden der Stadt wurden viele Generationen aus Wurzener Familien ausgebildet und beschäftigt. Sie haben unter schwierigsten Bedingungen Wand- und Wohnteppiche an großen Webstühlen produziert. Nachdem sich etliche Zusagen westdeutscher Investoren immer wieder zerschlagen hatten, fand über mehrere Monate ein Totalausverkauf zu Niedrigpreisen im Hof der Fabrik statt. Früher hatten die hier Beschäftigten ein bis zwei Jahre auf einen Teppich warten müssen, und selbst für dritt- und viertklassige Ware mussten bis zu 400 Mark gezahlt werden. Die weiträumige alte Fabrikanlage an der Mulde ist heute Brachland und wird von der neuen Verbindungsstraße zwischen Stadt und Umgehungsstraße durchschnitten.

Im VEB Plastex, heute abgerissen, wurden bis Anfang der 1990er Jahre Arbeitsmützen für Industrie und Landwirtschaft produziert. Die stellvertretende Betriebsleiterin Frau F. führte mich kurz vor dem Abriss noch durch die verwaisten Räume der »Mützenbude«, wie der Betrieb im Volksmund hieß. Auf den Arbeitstischen lagen stapelweise halbfertige Ohrenklappen, Schornsteinfegermützen und andere Textilien, die abbestellt worden waren. Im gesamten Betrieb gab es von ehemals fast 60 Beschäftigten noch 28 Verwaltungs- und Vertriebsangestellte in »Nullstunden Kurzarbeit«. Als ich zusammen mit Frau F. den leeren Kantinenraum betrat, fiel mein Blick auf den riesigen Karl-Marx-Teppich an der Wand. Dieser Teppich, etliche Fotografien und Plakate waren das einzige, was noch aus den alten Zeiten stammte. Keiner hatte sie abgenommen.

Am westlichen Stadtrand, ebenfalls an der Mulde gelegenen, erheben sich zwei wuchtige, architektonisch sehr eindrucksvolle und mehr als 60 Meter hohe Speichertürme über die Leipziger Tiefebene. Die Mühlenwerke von Friedrich Krietsch, die auf eine Mühlentradition seit dem Mittelalter zurückgehen, brannten 1917 vollständig ab. Sie wurden auf dem beräumten alten Standort und auf dem benachbarten Stadtteil Bleiche seit 1918 in Etappen in der heutigen Form aus Stahlbeton bis 1925 neu errichtet. Die Türme mussten 40 cm niedriger sein als die Gesamthöhe der Stadtkirche St. Wenceslai über NN. Das kann man kaum glauben, wenn man sich der Stadt von Ferne nähert und alle Türme zusammen sieht.

Zu den imposanten Fabrikgebäuden gehört auch die um 1880 entstandene, im florentinischen Stil erbaute Fabrikantenvilla, deren einstigen Glanz man nur noch anhand weniger Details erahnen kann. Sie befand sich nach verschiedenen Fremdnutzungen, u. a. als Schule für die Kinder der Sowjetarmee, und anschließend jahrelangem Leerstand in einem sehr baufälligen Zustand. Nach einem Brand stehen nur noch die Grundmauern des Eingangsportals. Das Nahrungsmittelwerk Albert-Kuntz, im Volksmund »die Krietsche«, war DDR-weit für Kekse, Erdnussflips, Cornflakes, Reis, Getreide, Hülsenfrüchte und Dauerbackwaren bekannt. Seine Produkte sind schon vor der Wende in den Westen exportiert worden und die Umwandlung in zwei eigenständige GmbHs, begleitet von kurz- und längerfristig agierenden Investoren, wurde ebenfalls geschafft. Heute gehört das Werk zu »Griesson – de Beukelaer und Getreide AG Rendsburg«.

Steigt man auf der anderen Seite des Mühlgrabens über die Schultreppen auf den südwestlichen Steilhang zum Domplatz hinauf, hat man einen weiten Blick nach Südosten über die Dächer der Stadt und die Stadtkirche St. Wenceslai. Sie ist eine dreischiffige, evangelisch-lutherische Hallenkirche, deren heutiges Aussehen aus den Jahren 1663 bis 1673 stammt.

Vorige Doppelseiten:
Gerhart-Hauptmann-Platz, 1990 und 2004

parat
parat
Fisch · Obst
Fisch
Aktuelles Angebot
Räucherware 100g
Pfeffermakrele 1,-
Makrele ,70

Gemüse
parat
parat
Obst und
Gemüse
Aktuelles Angebot
Sauerkraut
Paprika
Äpfel
Orangen
Pflaumen
Bananen

Vorige Doppelseite:
Einkaufsladen, Albert-Kuntz-Straße,
1990 (inzwischen abgerissen und Brache)

ABM-Beschäftigte in der ehemaligen Schulmöbelfabrik, Albert-Kuntz-Straße, 1996

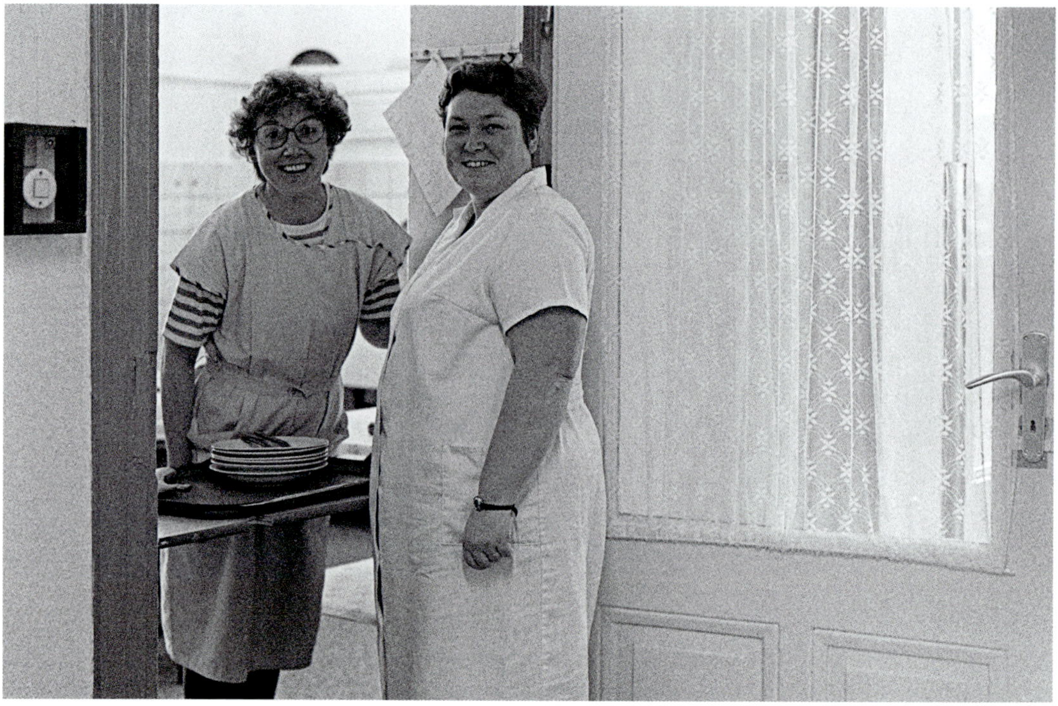

VEB Halbmond-Teppiche,
Fabrikgebäude am Feierabend und Betriebskinderkrippe,
Alte Nischwitzer Straße, 1990

Herr P., Berggasse, 1995

Berggasse, 1991

Herr P. und die Autorin in dessen Garten, Berggasse, 1995

SACHS
DOLMAR
Motorsägen
STIHL

Blick auf Amtsweg, Berggasse und
die Teppichfabrik, 1992 und 2015 (rechts)

VEB Plastex, sogenannte »Mützenbude«, vor dem Abriss,
Amtsweg, 1992

Krietsch
Wurzener
KEKS
WAFFELN · MEHLE · NÄHRMITT L

Nahrungsmittelwerk Albert Kuntz, Am Mühlgraben,
1990 (links), 2011 (oben), 1990 (unten) mit ehemaligem Sozialgebäude

Oben: Turm des Nahrungsmittelwerks Albert Kuntz, Am Mühlgraben, 1996

Links und rechts unten: Wirtschaftsgebäude und Kulturhaus »Zur Mühle« des Nahrungsmittelwerks Albert Kuntz, Am Mühlgraben, 1990 und 2015 nach dem Abriss der Gebäude

Oben: Krietschvilla, benannt nach dem ehemaligen Fabrikbesitzer der Krietsch-Mühle, später Nahrungsmittelwerk Albert Kuntz, Am Mühlgraben, 1992 (inzwischen bis auf wenige Mauern abgerissen) und 1996 (folgende Doppelseite)

Blick vom Domplatz auf die Wenceslaikirche, 1990

Muldenaue bei Wurzen, 1992

Kultur, Gastronomie, Konsum – ein langsamer Neubeginn

Von der Dresdener Straße über den Wettinerplatz zur Straße des Friedens

Bahnhof
Einbahnstraße

Altstadt
14 Dresden Magdeburg
6 Leipzig 28 km
Grimma 20 km
Eilenburg 20 km
Altstadt
bis Baustelle frei

Die Kreuzung, an der die Dresdener Straße (B6) und die Karl-Marx-Straße zusammentreffen, bildet das östliche Tor zu Wurzen. Das prominente Eckgebäude gehörte seit 1910 der Familie Zimmermann, die dort ein Möbelhaus eröffnet hatte; in Wurzen sprach man seitdem von der »Zimmermannskreuzung«. Sowohl dieses markante Geschäftshaus als auch das rechts daneben stehende historische Postgebäude wurden 2008 abgerissen. Auf der so entstandenen Freifläche ist einmal mehr ein großer Supermarkt mit dazugehörigen Parkplätzen entstanden.

Der allererste Supermarkt in Wurzen, »fabi«: fabelhaft-billig, eröffnete im Oktober 1990 in einem Zelt. Das war eine kleine Sensation und gleichzeitig mit vielen Hoffnungen auf neue Arbeitsplätze verbunden. Mit einem großen Schild vor dem Landratsamt waren in den Wochen vorher Mitarbeiterinnen und Mitarbeiter gesucht worden. Dass im Winter die Kälte im Supermarkt-Zelt so groß war, dass die Beschäftigten im Anorak arbeiten mussten, nahmen sie gerne in Kauf. In den ersten Wochen standen die Menschen ab 6 Uhr früh Schlange. »Die Leute kaufen wie die Kaputten« konstatierte der Marktleiter, ein Westdeutscher. Es käme zu Hamsterkäufen als würde es morgen nichts mehr geben.

An der Dresdener Straße wechseln sich nach dem Abriss vieler alter Industriegebäude heute Supermärkte, Parkplätze, Brachgelände und einige verbliebene Betriebe einander ab. Wurzen profitierte sogar von einem Sanierungsprogramm des Bundes für ostdeutsche Städte mit historischem Stadtkern. Die Sanierung von Wasser, Elektrik, Telefon sowie die großflächige Erschließung von Gewerbestandorten zog sich allerdings über viele Jahre hin. Das Ergebnis war, dass die Straßen immer wieder erneut aufgerissen wurden und dann monatelang gesperrt werden mussten.

Die ehemalige Arbeiterkneipe »Zur Waage« in der Dresdener Straße ist schon lange geschlossen, das Haus steht aber noch. Der alte Pächter zeigte mir kurz vor der Schließung stolz seine umfangreiche Postkartensammlung von Wurzen. Er hatte auch sonst alles gesammelt, was seine Heimatstadt betrifft. Zwei weitere Gaststätten an der Dresdener Straße sind noch erwähnenswert. Zum einen das traditionsreiche »Hotel Viktoria« mit Restaurant, Biergarten und Theatersaal, der wegen Baufälligkeit Ende 1989 abgerissen werden musste. Die Inschrift »Theaterrestaurant« erinnerte noch an die kurze Blütezeit als eigenständiges Theater 1945 bis 1950. Nach der Wende stand das Gebäude lange leer, das verbliebene Vordergebäude ist inzwischen von privater Hand restauriert worden. Das Obergeschoss erhielt Wohnungen, im Erdgeschoss konnte man eine Zeit lang »The New Victoria«, eine Tanz- und Erlebnisbar, besuchen.

Die Kneipe schräg gegenüber wurde von allen immer nur »Die Palme« genannt. Eigentlich hieß sie »Palmengarten«, weil man im Garten unter Palmen sein Bier trinken konnte. Für viele meiner Gesprächspartner war sie früher der Hauptinhalt der gemeinsamen Freizeit, jeden Freitag ging es bis 3 Uhr nachts. Nicht weit davon entfernt stand unter dem Dach einer alten Tankstelle immer ein Krankenwagen der »SMH« bereit, ausgeschrieben heißt das »Schnelle Medizinische Hilfe« – wieder eine Abkürzung, die ich lernen musste. Zum Kegeln ging man in den »Sächsischen Hof« am Wettinerplatz. Auf der anderen Seite des Platzes befand sich das »Café Sanne«, eine traditionsreiche Gaststätte mit einem Tanzsaal im Wiener Caféhausstil. Dort hätten, erzählte man mir, zu DDR-Zeiten eher die ärmeren Leute und algerische Vertragsarbeiter verkehrt, weshalb es auch »Café Algier« genannt worden sei.

Das inzwischen verkaufte, rosa angestrichene Haus verfällt zusehends.

Der Schriftsteller Bernd Wagner[7] hat seine Heimatstadt Wurzen in einer Erzählung einmal als »Stadt der hundert Kneipen« beschrieben. Auch wenn Einheimische die Zahl für zu hoch gegriffen halten, macht sie deutlich, dass die Gaststätten wenigstens durch ihre Namen einen Hauch von Weltläufigkeit verströmten. Waren in den 1980er Jahren, so Wagner, nur noch »jämmerliche fünf Kneipen und drei Getränkestützpunkte« übriggeblieben, so mussten in den ersten Nachwendejahren auch diese schließen. An ihrer Stelle versorgen nun Döner-Buden, Steh-Imbisse, China-Restaurants, ein griechisches Restaurant und zwei Pizzerien die Wurzener. Die Tradition der früheren Bierkneipen scheint zu Ende gegangen zu sein, zumal viele ihr Geld nach der Wende zusammenhielten. Das gilt auch für den »Club zu Zweit«. Ein kleines Kollektiv von Ehepaaren aus Wurzen hatte diese Veranstaltungsreihe mit Tanz, Spieleabenden und vielfältigen anderen kulturellen Veranstaltungen seit den 1970er Jahren entwickelt. Sie fanden in regelmäßigen Abständen im ehemaligen »Kulturhaus Schweizergarten« und einigen anderen Kulturhäusern großer Betriebe statt. Dieser Club ist für seine große Ausstrahlung bis weit über Wurzen hinaus mit einer Goldmedaille und anderen Preisen ausgezeichnet worden.

Bleiben noch die »Friedenslichtspiele«: ein Kino, das sich in einem alten Gasthaus aus der Jahrhundertwende in der Straße des Friedens etabliert hatte. Da der eindrucksvolle alte Kinosaal nicht mehr zu beheizen war und diverse schwerwiegende Baumängel aufgetreten waren, konnte der Betrieb in den letzten beiden Jahren vor der Wende nur noch für eine begrenzte Besucherzahl im Vorraum als »Foyerkino« stattfinden. Im August 1992 wurde das Kino geschlossen und verfällt seitdem. Auch, wenn sich alle meine Gesprächspartner einerseits über die neue Reisefreiheit gefreut haben, so stimmen sie doch alle genauso darin überein, dass sie die gemeinsamen Freizeitaktivitäten vermissen.

Neben Drogerien, Friseuren, Videotheken und Reisebüros erlebten Beerdigungsinstitute nach der Wende einen bemerkenswerten Aufschwung. Wer vor der Wende eine Beerdigung anmelden wollte, hatte zu der in der Marx-Engels-Straße gelegenen Abteilung »Bestattungswesen Wurzen« gehen müssen, die in einem VEB zusammen mit der Müll- und Fäkalienabfuhr, der Schädlingsbekämpfung, dem Transportwesen und den Sand- und Schuttgruben organisatorisch zusammengeführt war. Man erzählte mir so einige Geschichten zu Ablauf und Durchführung von Bestattungen. Eine minderwertige Ausstattung der Särge mit Böden aus Presspappe, die durchbrachen, fehlende Kühlanlagen, angetrunkene Sargträger und sogar Schwierigkeiten, Blumenschmuck zu kaufen, waren wohl an der Tagesordnung.

Anmerkungen:

7 Bernd Wagner, 1984. Reise im Kopf. Berlin und Weimar: Aufbau Verlag, S. 172.

S. 142–143: Möbelhaus Zimmermann (Eckhaus) und historisches Postgebäude (1835) (rechts davon), Dresdener Straße / Ecke Karl-Marx-Straße, 1994

S. 144–145: Neubebauung der beiden Grundstücke von Möbelhaus Zimmermann und Postgebäude mit Lidl-Supermarkt und großem Parkplatz, 2015

Nie wieder
Sozialismus
Ja!
Freiheit und
Wohlstand
DSU CDU

SMH
Schnelle Medizinische Hilfe
NOTRUF: 115
TEL.: 2924 /

Links oben:
Beethovenstraße, 1990

Links unten:
Schnelle Medizinische Hilfe (SMH),
inzwischen abgerissen, Dresdener Straße/
Ecke Walther-Rathenau-Straße, 1990

Unten:
Theaterrestaurant Viktoria,
Dresdener Straße, 1992

Erst die Löhne
Suchen Sie
neue Möbel
Ihrem traditionellen Geschmack entsprechend,
— aus westdeutscher Produktion — besonders preisgünstig?
Dann kommen Sie zu unserer Möbelmesse
Wo! Wurzen,
Kulturhaus Schweitzer Garten
Wann? 6. und 7. November 1990
Dienstag und Mittwoch von 9.00-18.30 Uhr
Eine große Auswahl an neuen Polstergarnituren, Polsterbetten, Tischgruppen, Eckbankgruppen, Couchtischen, Schlafsofas, einzelnen Sesseln, Betten, Lattenrahmen und Matratzen sowie Kleinmöbeln u.v.m. erwartet Sie.
Viele Möbel lagermäßig vorrätig.
LIEFERSERVICE!
Nicht gezeigte Ware kann nach Katalog bestellt werden.
Ausstellungsware kann sofort käuflich erworben werden.
Veranstalter: Seriöser, westdeutscher Möbelgroßhändler
Global Handels
Kontor Morsbach
Am Eichhölzchen 42
D - 5222 Morsbach
Telefon (0 22 94) 66 72
Fax (0 22 94) 77 51
Es ladet ein für groß und klein
DER TORGAUER VERGNÜGUNG PARK KOMMT!
Spulnikbahn
Kettenflieger
Glücksrad
Kinderkarussell
Schießwagen
Glückskugel
Grillschnitte
Diverse Äpfel
Die Schausteller
NE
NEUES FORUM

Leipziger Kleinmesse 1990
11. August - 2. September
Täglich von 14.00 Uhr bis 22.00 Uhr geöffnet
Viele Neuheiten
Viele Neuheiten
Zuckerwatte
Diverse Äpfel
Täglich geöffnet ab 14.00 Uhr
Die Schausteller
Der
DEMOKRATISCHER AUFBRUCH
Handwerker!
Wirtschaftswunder
DDR.
durch leistungsmotivierende Rahmenbedingungen
Stabilität
und Vertrauen

Vorige Doppelseite:
Plakate an einem Betriebsgebäude,
Dresdener Straße, 1991

VEB Drahtseilwerk Wurzen (inzwischen abgerissen),
Dresdener Straße, 1990

Herr M., Gastwirt »Zur Waage«, zeigt mir Ansichtskarten von Wurzen, Dresdener Straße, 1990

Mädchen vor Wahlplakaten, Goethestraße, 1992

Rechts:
Walther-Rathenau-Straße, 1992

FARBEN
LACKE

Dresden
6 Leipzig
Bäckerei

Folgende Doppelseite:
Sächsischer Hof, Wettinerplatz, 1990

Links oben:
Farbengeschäft, Karl-Marx-Straße, 1991

Links unten:
Bäcker Schultheiß, Karl-Marx-Straße, 1990

Bäcker Schultheiß, Karl-Marx-Straße, 1991

Gasthof
SZD 5-59

sischer Hof

Jugend-und Tanzgaststätte
Wurzen
Inh. Kerstin Grohmann
Wir haben für Sie geöffnet:
Sonntag, Montag Ruhetag

Tanzcafé
MILCHBAR

Folgende Doppelseite:
Bestattungswesen,
VEB Stadtwirtschaft Grimma,
Friedrich-Engels-Straße, 1990

Tanzcafé und Milchbar »Sanne«, Wettinerplatz,
1990 (links) und 2019 (rechts)

VEB
Stadtwirtschaft Grimma
—Betriebsteil Wurzen—
Verwaltung
Bestattungswesen
Müll- u. Fäkalienabfuhr
Schädlingsbekämpfung
Transportwesen
Sand- u. Schuttgrube
Kassenstunden:
Dienstag 9-12 u. 13-17 Uhr
Freitag 9-12 u. 13-15 Uhr
Abt. Bestattungswesen

Doppelseite: Zwei Geschäfte, Schillerstraße, jeweils 1990 (oben) und 2015 (unten)

Obst und Gemüse
parat

Bäckerei · Konditorei · Keller
Stehcafé

LIEKEN
URKORN
HO
BACK
WAREN

Karl-Liebknecht-Straße

Supermarkt »fabi« – »fabelhaft-billig«,
Rosa-Luxemburg-Straße, 1990

Vorige Doppelseite:
Schillerstraße / Ecke Karl-Liebknecht-Straße,
1991

Folgende Doppelseiten:
Busbahnhof, Clara-Zetkin-Platz,
1990 und 2015

Café
Coffee to go
Öffentliche Toilettenanlage

Café
Familienfeiern
bis 16 Personen

Bäckerei u. Condi
Backstube

Eingang des traditionsreichen Geschäftshauses
von Foto Wolf (leerstehend), Straße des Friedens, 2019

Links: Leerstehende Bäckerei,
Bürgermeister-Schmidt-Platz, 1990

Bauknecht

Vorige Doppelseite:
Rudolf-Breitscheid-Straße, 1990

Friedenslichtspiele (seit 1992 leerstehend),
Straße des Friedens, 1990

FRIEDENS - LICHTSPIELE
KINO, da läuft was

PRETTY WOMAN

An den Rändern der Stadt

Wurzen Nord, Dehnitz und Kaserne

Im Norden der Stadt Wurzen sind in der Zeit von 1970 bis Mitte der 1980er Jahre eine Plattenbau-Siedlung sowie eine Schwimm- und eine Sporthalle gebaut worden, denn aufgrund der relativ alten Bausubstanz der bestehenden, meist kleineren Häuser war ein ausreichendes Angebot an Wohnungen eines der größten Probleme für die damals Verantwortlichen von Kreis und Stadt. Sie berichteten mir, dass sie mit Wurzener Betrieben kooperiert hätten, die ein eigenes Interesse daran hatten, gerade junge Leute zu halten, die sonst mit anderweitigen Wohnungsangeboten in der Republik abgeworben wurden. Staatliche Mittel waren im Kreis Wurzen immer rar. Erhielten sie Bewilligung, wurden sie im Rahmen der Kommission »Territoriale Rationalisierung« durch hohe Eigenleistungen der Wurzener Betriebe ergänzt, die dann die Plattenbausiedlungen und Sportstätten gebaut haben.

Manch ein Mitglied des Rates der Stadt ist auf die sozialistische Gemeinschaftsarbeit sehr stolz. Dank dieser Hilfsleistungen konnte u. a. das Heizwerk errichtet werden, das neben dem Motorenwerk und der Maschinenfabrik, die dem Chemieanlagenbau Leipzig-Grimma angehörte, auch 1 000 Neubauwohnungen mit Wärme versorgt hat. Das Motorenwerk war einer der größten Industriebetriebe der Stadt. Als ehemaliger Betrieb der NVA zur Reparatur von Schiffs- und Panzermotoren unterlagen die Mitarbeiter hohen Sicherheitsauflagen, erhielten allerdings auch Sondervergütungen. Die Wohnungen in Wurzen-Nord waren sehr begehrt, weil sie im Vergleich zu den Altbauwohnungen wesentlich höhere Standards aufwiesen, was Sanitäreinrichtungen und besagte Wärmeversorgung betraf.

Neben dem Neubau von Wohnungen begann man bereits seit Mitte der 1970er Jahre mit der Planung und dem Bau einer neuen Wasserglasfabrik. Wasserglas ist ein mit Chemikalien versetztes, pulverisiertes Glas, das in Wasser aufgelöst wird und in vielen verschiedenen Bereichen Verwendung findet, zum Beispiel bei der Herstellung von Waschmitteln, Farben oder Klebstoff. Die alten Produktionsanlagen, an denen noch bis 1991 ehemalige Häftlinge gearbeitet hatten, entsprachen schon lange nicht mehr den Sicherheitsanforderungen. Sie wurden stillgelegt und 1998 entstand dann ein neues Werk.

In den 1990er Jahren klebten überall in Wurzen selbstgefertigte Plakate mit politischen Parolen, die entweder vor dem vergangenen Staat warnten oder auf eine neue Wirtschaft und Demokratie hofften. Die Warnungen bezogen sich in erster Linie auf die Gefahr, dass ehemalige Mitarbeiter der Staatssicherheit verdeckt weiter Unruhe und Zwietracht stiften und die Umgestaltung von Wirtschaft und Gesellschaft bewusst untergraben würden. Die Staatssicherheit wurde in den westlichen Medien zwar hochgespielt, die Macht und Organisationsfähigkeit aber politisch unterschätzt und juristisch nicht verfolgt.

Viele meiner Gesprächspartner äußerten damals die Meinung, dass ehemalige Stasi-Leute »die Kurve gekratzt« hätten und erneut in guten Positionen untergekommen seien – die weithin bekannte Aufforderung »Stasi in die Volkswirtschaft« sei schließlich so nicht gemeint gewesen. Insgesamt sei die Revolution »vor den Werkstoren stehen geblieben«. Damit meinten sie auch, dass etliche ehemalige, »rote« Betriebsleiter noch lange, viele bis zur Rente, auf ihren Posten geblieben seien und dabei diejenigen, die »aufmuckten«, als erste entlassen hätten. Auf der Verwaltungsebene hingegen hätte es weitaus weniger Kündigungen gegeben als auf der Produktionsebene. Im Allgemeinen war auch in Wurzen eine Betriebszugehörigkeit von 30 Jahren und mehr keine Seltenheit. Ich hörte viele klagen, dass man nun – nach der Wende – im Alter von Ende 40, Mitte 50 ohne Dankeschön und Abfindung in die Arbeitslosigkeit geschickt werde. Die aufkommende Zukunftsangst konnten die zahlreichen westlichen, zum Teil dubiosen Beratungs- und Jobangebote nicht lindern.

Ebenfalls im Norden von Wurzen, Richtung Eilenburg, fuhr ich oft an weitläufigen Truppenübungsplätzen vorbei. Ich sah von Panzern verwüstete Böden, schiefe Schlagbäume und rostige Verbotsschilder. Der damalige Amtsleiter für Recht und Ordnung im Landratsamt schätzte die Zahl der im Kreis Wurzen stationierten Armeeangehörigen auf mindestens vier- bis fünftausend. Nördlich des Stadtparks stehen noch immer stattliche Bauten einer Artilleriekaserne, 1902 für das 8. Sächsische Feldartillerie-Regiment Nr. 78 errichtet und seit Kriegsende 1945 Sitz der sowjetischen Garnison.

Gleich dahinter befinden sich eine überschaubare Eigenheimsiedlung mit kleinen Gärten sowie ein Komplex an Plattenbauten, alles war Anfang der 1990er Jahre sehr heruntergekommen. Der Großteil der kleinen Reihenhäuser und ein ganzer Plattenbaukomplex wurde nach 1945 von russischen Offiziersfamilien bewohnt. In der kleineren Stadt Brandis, südwestlich von Wurzen im Ortsteil Polenz, befand sich ein Militärflugplatz der Roten Armee.

Das Umweltbundesamt und Umweltschützer sehen die kontaminierten Hinterlassenschaften der Sowjetarmee wie auch die Flächen der alten Wasserglasfabrik als ökologische Zeitbomben, deren Sanierung noch Jahrzehnte in Anspruch nehmen wird. Das gesamte Areal der Wurzener Kaserne war seit dem Abzug der sowjetischen Truppen 1993 durch einen Wachschutz mitsamt Schäferhunden bewacht. Nur in Anwesenheit der kommunalen Mitarbeiter war es mir erlaubt, ein paar schnelle Fotoaufnahmen unter schwierigen Lichtverhältnissen aus der Hand zu machen. Die meisten großen Säle waren leer, viele Materialien und die schwere Technik bereits verladen und abtransportiert worden. Nur einige wenige Embleme und Wandtafeln, z. B. der Querschnitt einer Pistole, und ein riesiges, kitschiges Poster, das eine romantische Terrasse mit üppigem Blumenschmuck und Blick aufs blaue Meer zeigte, hingen noch an den Wänden.

Als ich jedoch den Speisesaal und die angrenzenden Küchenräume betrat, bot sich mir ein bestürzendes Bild: Auf einfachen, teils zerstörten oder schief dastehenden Bänken und langen Holztischen standen verdreckte Blechbecher, Teller mit Brotresten, angebrochene Milchtüten und Wasserkessel, gerade so, als ob die Soldaten ohne Ankündigung nur kurz zu einer Truppenübung abberufen worden wären und gleich zurückkommen würden. In einem Nebenraum lagen zahlreiche leere, zusammengedrückte Bierdosen auf dem Boden. Auf Holzpaletten waren rund 50–70 steinharte Kastenbrote gestapelt, über die sich selbst Mäuse und andere Tiere nicht hergemacht hatten. In einem anliegenden Küchenraum dienten verschmutzte und verrostete Badewannen dem Abwasch oder Säubern von Lebensmitteln. Ein schier unerträglicher Gestank lag in der Luft und die mich begleitenden Mitarbeiter der Wurzener Stadtverwaltung drängten hastig auf Abbruch. Ein weiteres Mal ist mir der Zutritt nicht erlaubt worden.

Im Anschluss an die Besichtigung der Kaserne lief ich durch die benachbarte Gartenstadt-Siedlung, den Rosenweg entlang, der früher im Volksmund auch »Russenweg« hieß. In den kleinen Reihenhäusern wohnte niemand mehr, die Türen standen offen. Außen wie innen waren die Wohnungen völlig heruntergekommen und zum Teil mehr als baufällig. Die einst enteigneten Anwesen wurden an die Stadt zurückgegeben, dann verkauft oder an die ehemaligen Grundstücksbesitzer rückgeführt. Inzwischen sind sie alle mit hohem Aufwand renoviert worden.

MINI MARKT NORD
JEVER
PILSENER

Vorige Doppelseiten:
Wurzen Nord, 1991 und 2019

Links oben:
SERO (Sekundär-Rohstofferfassung),
Friedrich-Ebert-Straße, 1990

Links unten:
Mini-Markt, Theodor-Körner-Straße, 1990

Spielende Kinder mit Taubenhäuschen,
Wurzen Nord, 1990.

Zukunftsangst ?
Karriere ist machbar !!
Unabhängigen
Wer zuerst kommt,
den belohnt das Leben.

VORSICHT
STASI
GIBT
NICHT
AUF!

Eingang zum Motorenwerk, Lüptitzer Straße, 1990 (inzwischen abgerissen)

S. 188:
Telefonzelle im
Ortsteil Roitzsch, 1990

S. 189:
Auf dem Betriebsgelände
des Motorenwerks,
Lüptitzer Straße, 1990

Schwimmhalle, Lüptitzer Straße, 1990

Alte Wasserglasfabrik, Dehnitzer Weg, 1991

Folgende Doppelseite: Neue Wasserglasfabrik, Dehnitzer Weg, 1994

Trafohäuschen, Dehnitz, 1990

Gärtnerei in Dehnitz, Nemter Straße, 1990

УРЦЕНСКИЙ

Links oben:
Reste des Heizwerks im ehemaligen Wohngebiet
von Angehörigen der Sowjetischen Armee, 1993

Links unten:
Eingang zum Truppenübungsplatz,
Collmer Straße, 1993

Wohngebiet von Angehörigen der Sowjetischen Armee,
Grenzstraße, 1990

Auf dem Kasernengelände der Sowjetischen Armee, Juelstraße, 1993

Verlassener Speisesaal der in Wurzen stationierten Sowjetischen Armee, Juelstraße, 1993

6

Kontinuität im Wandel

Schlussbemerkung

Ich begann im Jahr 1990 damit, Wurzen mit soziologischer Neugierde und großer Offenheit zu erkunden. Als Fremde betrachtete ich diese alte Bischofs- und Industriestadt mit einer subjektiven Sichtweise, die neue und andere Zusammenhänge herstellen konnte, als die Bewohner der Stadt selbst. Nach der anfänglichen Aufbruchsstimmung in der Wendezeit lag für mich von Beginn an eine gewisse Melancholie über der Stadt. Der langwierige Umbauprozess nach der Wende erfolgte in unterschiedlich schnellem oder langsamem Tempo; er ist noch längst nicht beendet und bleibt bis heute spannend.

Man sollte dabei die gesamte Geschichte der Stadt im Blick behalten: Schon Ende des 18. und Anfang des 19. Jahrhunderts hatten sich im Raum Wurzen die ersten Manufakturen herausgebildet. Der Bau der Brücken über die Mulde, der Zugang zu Wasser und der Anschluss an die erste deutsche Ferneisenbahnstrecke Leipzig-Dresden waren wichtige Bausteine für eine schnelle Industrialisierung. Diese gelang vor allem entlang des Mühlgrabens, einem Seitenarm der Mulde. Andere Fabriken im Bereich des Maschinen- und Apparatebaus, eine Gießerei sowie zahlreiche Unternehmen im Transportanlagenbau entstanden entlang der östlichen Eisenbahnlinie, um die Transportwege gering zu halten. Von diesem historischen Entwicklungsprozess profitiert die Stadt Wurzen bis heute.

Der nach der Wende einsetzende Erneuerungsprozess mit der Entflechtung und Reprivatisierung legte an die noch verbliebenen Stadtstrukturen erneut Hand an. Während einzelne historische Gebäude liebevoll restauriert wurden, sind durch Rückbau und Sanierung stadtplanerische Akzente gesetzt worden, die zwar aktuellen Erfordernissen von Wirtschaft und Verkehr Rechnung tragen, andererseits viele historische Plätze stark verändert haben. Gleichwohl hat der gesamte Raum Wurzen noch immer ein vielfältiges Potenzial, auf dem regionale Identität aufbauen kann. Meine Fotografien und Studien in Wurzen sollen dazu beitragen, in der anhaltenden Phase der Veränderung Erinnerungen lebendig zu erhalten, sie an folgende Generationen weiterzugeben und die Verbundenheit mit der Region zu stärken.

Zuletzt möchte ich den Institutionen, insbesondere der Stadt Wurzen, und all jenen Menschen danken, die mich in meiner Arbeit unterstützt haben. Bei historischen Beschreibungen von Orten und Unternehmen konnte ich auf die Kenntnisse des langjährigen Ortschronisten Wolfgang Ebert und den Unternehmer Richard Klinkhardt vertrauen. Uta Moltrecht hat mir immer wieder bei der Bildauswahl und der Beschriftung geholfen. Sie alle waren Korrektiv und eine wertvolle Ergänzung dieser Arbeit.

Links:
Kleine Gartenstadt,
bis 1993 von sowjetischen Offiziersfamilien bewohnt, Rosenweg, 1990 und 1996 (unten)

Folgende Doppelseite:
Blick über Wurzen, 2011

WURZENER
GmbH